QUE SAIS-JE ?

La diaspora chinoise

PIERRE TROLLIET

Professeur des Universités
Institut national des Langues et Civilisations orientales

Troisième édition

9e mille

ISBN 2 13 046450 5

Dépôt légal — 1re édition : 1994
3e édition : 2000, mai

INTRODUCTION

A s'en tenir au seul rapport numérique qui apparaît entre la population de la *Chine* (Chine continentale + Taiwan + Hong Kong et Macao) et celle de son émigration (les *« Chinois d'outre-mer »*) l'appellation de *diaspora chinoise* pourrait constituer un déplorable abus de langage et une contribution à cette banalisation de la notion de diaspora qui, comme celle de génocide, s'est largement répandue en ces temps d'extrême confusion. D'un côté, en effet, environ 1 milliard 200 millions de Chinois et de l'autre 25 à 30 millions d'émigrés et descendants d'émigrés, soit un rapport de 1 à 40, rapport qui permettrait alors de qualifier de *diaspora* la plupart des mouvements migratoires dans le Monde pour peu qu'ils manifestent quelque dispersion. Il est pourtant bien question de *diaspora chinoise* sous la plume de la plupart des sinologues et des géographes français ! C'est que, outre l'acception élargie désormais admise du terme et de la notion de *diaspora* (cf. R. Brunet *et al., Les mots de la géographie : dictionnaire critique,* Reclus, 1992) le fait chinois outre-mer se singularise à bien des égards et revêt effectivement un puissant caractère diasporique, au-delà du simple rapport quantitatif ; rapport quantitatif que l'on peut d'ailleurs apprécier dans une autre direction : la diaspora chinoise est au moins aussi nombreuse que les diasporas juive (il est vrai modifiée pendant et après la Seconde Guerre mondiale) irlandaise et arménienne *réunies* ; seule la *diaspora indienne* se situe à une échelle numérique comparable, la puissance économique en moins.

Si le fait chinois outre-mer reste massé en Asie du

Sud-Est où sa profondeur historique est deux fois millénaire, il a pris dans le contexte colonial du XIXe siècle une dimension et une nature nouvelles, planétaire et prolétaire, affirmant ainsi le caractère diasporique. Les fractures géopolitiques du XXe siècle et en particulier celles qui vont fragmenter le Monde chinois — Pékin-Taiwan-Hong Kong — et provoquer de sévères turbulences dans une Asie du Sud-Est en pleine décolonisation, vont dramatiquement rappeler toutefois que l'émigration chinoise ne relève pas seulement de la problématique des diasporas en général, mais aussi de celle de la Chine elle-même, et surtout d'un Monde chinois tourmenté dont elle constitue aussi un fragment. Mais c'est un fragment qui est issu lui-même d'un autre fragment de la Chine continentale et *la diaspora chinoise n'est pas la diaspora des Chinois* : le fait chinois outre-mer est à quelque 90 % originaire des *trois seules provinces méridionales et littorales* de la Chine (qui compte au total 30 provinces) — le *Fujian,* le *Guangdong* et *Hainan* — qui totalisent 100 millions d'habitants soit moins de 10 % de la population de la Chine continentale ; encore n'est-ce qu'une *frange littorale* de ces provinces qui est essentiellement concernée. Population qui est bien chinoise par sa culture, sa langue écrite et un certain niveau de conscience identitaire, mais qui est issue d'*aires géolinguistiques* excessivement individualisées où les langues parlées sont différentes de la langue nationale et même souvent non intercompréhensibles ; c'est par ces filières géodialectales que se sont recrutés les migrants au cours des siècles, par elles que s'est forgée une conscience identitaire doublant le sentiment d'appartenance « nationale », et au sein desquelles s'est structurée la société émigrée par ses temples et ses associations diverses et se sont développées les activités économiques. Ce sont ces activités économiques qui caractérisent le mieux la diaspora aux yeux du monde, activités dont la puissance s'est établie au tournant du siècle et dont le développement est d'autant plus spectaculaire que celui de l'Asie du Sud-Est et de la Chine elle-même étaient restés jusque-là inopérants.

L'Asie orientale est aujourd'hui en effervescence, la Chine continentale réalise un « bond en avant » précisément à partir des provinces de l'émigration, le Monde chinois célèbre des retrouvailles qui passent d'abord par l'économie, et la diaspora chinoise connaît une nouvelle fortune, de nouvelles dimensions au sein du Monde chinois et dans la nouvelle « économie monde ».

Transcriptions des noms chinois

Tous les patronymes et toponymes qui relèvent de la Chine continentale sont rendus par le système de transcription alphabétique dit pinyin, établi en 1958 à Pékin et désormais adopté par la communauté internationale (sauf Taiwan) ; par contre la transcription des patronymes et toponymes du reste du Monde chinois est celle qui est usuelle, et c'est généralement une transcription plus ou moins fidèle au système anglais dit Wades-Giles, ou au système français de l'EFEO pour l'ancienne Indochine française. Quand il s'agit de dialectes, les transcriptions sont celles fixées par l'usage, suivies de la transcription en langue nationale en pinyin.

Voilà qui n'est pas très confortable pour le lecteur, mais c'est aussi cela l'approche de la diaspora chinoise.

PREMIÈRE PARTIE

LA DIMENSION MIGRATOIRE

Chapitre I

L'APPEL DES MERS DU SUD

L'espace chinois est, dès ses origines impériales (dynastie Han, 206 av. J.-C. - 221 apr. J.-C.), par son immensité et sa configuration, un espace ambivalent : profondeur continentale vers l'Asie centrale d'une part et déploiement littoral jusqu'aux mers du Sud ou *Nanyang* d'autre part. Mais tandis que l'on édifiait la Grande Muraille au nord, on entreprenait à partir du IIIe siècle avant notre ère la colonisation du Midi, phénomène de longue durée qui atteindra le Centre-Vietnam. C'est par cette voie terrestre, dans le sillage des armées de conquête, que s'effectuent semble-t-il les premières implantations chinoises vers le Nanyang, marchands mais surtout soldats démobilisés, fonctionnaires bannis et réfugiés de chaque changement dynastique ; c'est là une fonction essentielle, dans l'histoire, des périphéries de l'Empire.

A partir du IIIe siècle de notre ère, c'est un premier essor du commerce maritime avec les mers du Sud — importations de pierres précieuses, d'esclaves — puis le temps des premiers pèlerinages bouddhistes

(Faxian en 413) et des relations officielles avec le Linyi (Champâ), le Funan, Java et le Siam du Sud (Songkla) entre les IVe et VIe siècles, et plus encore sous la rayonnante dynastie Tang (618-907). C'est à partir du XIe siècle (sous les Song du Sud — 960-1280) qu'intervient le fait décisif qu'est celui du *développement de la marine chinoise* qui, comme l'a souligné Jacques Gernet, « est sans doute l'un des phénomènes les plus importants de l'histoire de l'Asie » ; innovations techniques (gouvernail d'étambot, cales étanches, voilures) et mécanismes climatiques (moussons) permettent des liaisons régulières au long cours entre les ports du Fujian et du Guangdong et ceux du Nanyang et de l'Inde du Sud, et y favorisent l'implantation de nouvelles colonies de peuplement. L'apogée de la puissance maritime chinoise s'inscrit au début du XVe siècle avec les sept fameuses expéditions conduites par un musulman du Yunnan, Zheng He, au service de l'empereur Yong Le ; ces expéditions, de très grande envergure pour l'époque, se succéderont de 1405 à 1433, comportant plusieurs dizaines de grandes jonques et 20 à 30 000 hommes qui touchent au Champâ, à Palembang et à Samudra (Sumatra), à Malaka, à Ceylan, à Ormuz et jusqu'à Mogadiscio ; entreprises de prestige non dépourvues de visées expansionnistes, elles sont aussi commerciales — porcelaines, soieries et métaux précieux de Chine ; épices, ivoire, parfums des mers du Sud —, et viennent renforcer les courants migratoires des marchands chinois qui se déploient désormais à l'échelle de l'ensemble du Nanyang, depuis les Philippines jusqu'au Siam. Cette « Méditerranée asiatique » (D. Lombard) voit apparaître les Européens au XVIe siècle — prise de Malaka par les Portugais en 1511, fondation de Manille par les Espagnols en 1571 et de Batavia (Jakarta) par les Hollandais en 1602 —, tandis qu'une activité de piraterie sans précédent (pirates japonais notamment) affecte le littoral chinois : c'est alors un temps d'arrêt, une période transitoire qui suspend ou ralentit les flux migratoires tout en laissant les communautés du Nanyang conforter leurs implantations et participer à la vie politique locale. La chute de la dynastie Ming et la prise du trône impérial par les Mandchous en 1644 marquent un nouveau temps fort qui va nourrir un nouveau courant, celui des réfugiés politiques et des loyalistes Ming qui résistent aux Mandchous ; le flux principal se retranche à Taiwan sous le commandement du célèbre corsaire Zheng Chenggong (Coxinga) qui en chasse les Hollandais installés depuis 1624, mais d'autres prennent la direction du Nanyang et en particulier du *Vietnam* où un groupe de militaires et de lettrés débarque en 1671 à Hatiên, sur le littoral alors cambodgien, sous la conduite de *Mac Cuu* (Ma Jingqiu) pour y mettre en valeur un véritable petit royaume de 60 000 km^2 ; un autre groupe de militaires chinois exilés arrive en 1679 à Tourane (Danang) d'où l'empereur d'Annam les dirige sur les nouvelles terres à défricher du *Tchenla* maritime, récemment enlevé aux Khmers ; de là, en 1778, la naissance de la ville chinoise de *Cholon,* devenue indissociable de Saïgon. Mais un peu partout, une composante trop souvent militaire, de nouveaux ferments politiques, et l'immixtion européenne vont donner prétexte aux premiers pogroms et massacres de Chinois : à Manille en 1639, 1633, 1686 et 1762, à Batavia en 1740, à Cholon en 1782... ; qu'il s'agisse des Espagnols, des Hollandais ou des Vietnamiens, le trait commun est la perception qui fut la leur des Chinois (menace militaire ou terroriste, menace commerciale) et le caractère de masse des massacres (plusieurs dizaines de milliers de victimes). Quoi qu'il en soit, l'absence de toute réaction de la part de l'empereur de Chine confirme bien alors la coupure entre l'Empire du Milieu et les communautés émigrées qui ne peuvent compter que sur elles-mêmes et d'abord sur leur capacité d'intégration favorisée souvent par les mariages mixtes. Parallèlement se développent de nouvelles formes de mise en valeur avec les *fronts pionniers agricoles* déjà aperçus au siècle précédent et les *activités minières,* que l'activité marchande si ancienne, si omniprésente et si emblématique a souvent un peu occultées. Mais le fait décisif du XVIIIe siècle au Nanyang est l'amorce du déploiement de la puissance britannique qui prend pied dans l'île septentrionale malaise de *Penang* en 1786, à *Malaka* en 1795 puis à *Singapour* (l'ancienne *Tumasik*) en 1819 : trois bases stratégiques (commerciales et militaires) sur la route des Indes vers la Chine, qui seront réunies en 1830 sous l'appellation commune de *Straits Settlements* (Etablissements du Détroit). Des noyaux de peuplement chinois s'y étaient formés depuis très longtemps, mais la présence britannique, les nouveaux courants commerciaux qu'elle génère, avec surtout le développement du système des « ports francs », constituent un nouveau ferment de croissance, de prospérité et de diversification de ces premières sociétés. Le fait chinois dans les mers du Sud jusque-là essentiellement *urbain* se déploie alors considérablement au début du XIXe siècle tant dans l'agriculture de plantation — Java, Sarawak, Philippines, etc. — que dans la mise en valeur minière en Malaisie, au Siam, à Bornéo, etc. Déploiement spatial, insertion géographique plus pénétrante, diversification des activités et surtout formation de micro-cultures mixtes — sino-malaises *(babas),* sino-indonésiennes *(peranakans),* sino-philippines *(mestizos),* sino-thai *(luk-jin),* sino-khmères, sino-vietnamiennes *(minh-huong),* font que, jusqu'au bouleversement géopolitique des années 1840-1860, c'est plutôt un processus *« d'intégration silencieuse »* (Cl. et D. Lombard) qui caractérise les communautés chinoises du Nanyang.

Chapitre II

LA DIMENSION DIASPORIQUE

I. — Une nouvelle donne géopolitique

Un bouleversement géopolitique majeur, ou plutôt une addition, une conjonction inédite de bouleversements à différentes échelles — mondiale : abolition de l'esclavage; régionale : la mise en valeur coloniale massive de l'Asie du Sud-Est et des « Pays neufs »; nationale : le *break up* de la Chine par les Puissances — confère, à partir des années 1840, une dimension nouvelle — planétaire — à l'émigration chinoise qui va du même coup changer de nature.

Le traité de Nankin (1842) qui conclut la première guerre de l'Opium permet la création britannique de Hong Kong (Macao était portugais depuis 1551) et l'ouverture aux Puissances de cinq ports *(treaty ports)* qui outre Shanghai et Ningbo, sont ceux des anciennes filières migratoires — Canton, Fuzhou et Amoy (Xiamen)[1]. Dans le même temps l'hinterland méridional verra plus que jamais se développer des mouvements centrifuges par un surcroît de misère — aux calamités naturelles récurrentes[2] s'ajoutent une récession économique aggravée par le nouveau déséquilibre du com-

1. Cf. carte 1. Ils seront 45 à la fin du siècle, y compris sur le Yangzi et le Xijiang, augmentés de « territoires à bail » britanniques, japonais, français, russes et allemands prolongés par de vastes « zones d'influence ».

2. Egalement au nord où la défluviation du fleuve Jaune de 1855, puis les sécheresses de 1876-1879 et 1892-1894 font des millions de victimes et nourrissent un autre grand courant migratoire vers la Mandchourie, autre « Pays neuf » de ce temps-là, mais qui n'est pas « l'outre-mer ».

merce extérieur et la contrebande de l'opium, l'effondrement du marché du thé détourné vers les Indes par les Britanniques, les indemnités de guerre exigées par les Puissances, la révolte des Taiping (1850-1864) qui va dévaster une partie de la Chine orientale, bref « une conjuration universelle des hommes et des éléments » (J. Gernet).

Voilà donc un inépuisable potentiel migratoire mis en mouvement, libéré par l'article 5 du traité de Pékin imposé en 1860 par Français et Britanniques, activé en 1893 par un décret impérial autorisant les retours[1], et organisé comme jamais par le nouveau dispositif des « ports ouverts ». Il répond au plus formidable appel de main-d'œuvre transocéanique que le monde ait connu, provoqué tout à la fois par la fin de la traite des Noirs et l'abolition de l'esclavage à partir de 1865, par le déploiement planétaire du fait colonial et la mise en valeur des « Pays neufs » — Etats-Unis, Canada, Australie — et favorisé par la généralisation de la navigation à vapeur et l'ouverture du canal de Suez en 1869. Ainsi, en ce milieu du XIXe siècle l'émigration chinoise change d'échelle et change du même coup de nature avec l'émigration de masse des *coolies*[2].

II. — D'un océan à l'autre

Le premier transport de coolies chinois hors du Nanyang semble avoir été celui d'un groupe de plan-

1. Un décret impérial de 1718 avait interdit l'émigration, considérée comme un acte criminel et puni comme tel au retour, alors que c'était cette possibilité de retour pour finir leurs jours au pays natal qui encourageait les migrants.

2. Qui n'est pas un terme chinois mais une transcription phonétique anglicisée du tamil *kûli* (salaire) à moins que ce ne soit du turc *kuli* (esclave); la transcription s'est faite par le choix, parmi de très nombreux homophones, des caractères signifiant « pénible » *(ku)* et « force musculaire, travailleur de force » *(li)*. Mais dans les dialectes du Sud, qui sont ceux de la diaspora, l'équivalence phonétique n'est respectée qu'avec d'autres sinogrammes dont l'assemblage n'a plus de signification...

teurs de théiers introduits en 1810 au Brésil par les Portugais ; mais le coup d'envoi d'une véritable traite, remplaçant *mutatis mutandis* celle des Noirs, est probablement la livraison à l'île Bourbon (La Réunion) en juillet 1844 de 69 « engagés » (pour le mûrier et le théier) qui avaient été embarqués à Singapour. Le flux gagne dès lors très vite l'ensemble des « îles à sucre » des différents océans et notamment les Caraïbes : Cuba reçoit son premier contingent en 1847 en provenance des Philippines, puis à partir de 1850 de Macao, de Swatow (Shantou) et d'Amoy (Xiamen), d'où partiront plus de 120 000 coolies jusqu'en 1874, et les îles du Pacifique, notamment Hawaï qui reçoit d'Amoy quelque 30 000 coolies entre 1850 et 1885, tandis que Tahiti voit débarquer en 1886 ses 300 premiers *Hakka* en provenance de Hong Kong.

Ce n'est pas seulement l'économie de plantation, privée de ses esclaves Noirs, qui a besoin d'une masse de main-d'œuvre, ce sont aussi les *activités minières* — mines d'or du Traansval[1] en Afrique du Sud, exploitation du guano et du cuivre au Pérou — et les *grands travaux* — canal de Panama, chemins de fer du Congo belge et du Mozambique portugais[2], de Madagascar, du Transsibérien et du Central Pacific Railway tant aux Etats-Unis qu'au Canada. Les « Pays neufs » pour les Chinois ce fut d'abord le mirage de l'or[3] : ruées vers l'or de Californie en 1848 — (les « Anciennes montagnes de l'or » *Chiu-chin-shan* (Jiujinshan) qui désigne San Francisco en chinois) — et de Colombie britannique en 1858 avec passages de l'une à l'autre, puis

1. Mais ce ne sont pas, pour une fois, gens du Sud, mais coolies recrutés au nord de 1904 à 1911, dans la province du Shandong célèbre en Chine pour la carrure de ses gaillards, courant qui se prolongera en France par le recrutement de main-d'œuvre pour « l'effort de guerre » en 1917-1918.

2. Et ce sont les *Chinois de Chine populaire* qui construisent un siècle plus tard le chemin de fer de la Tanzanie...

3. Pour la Chine « post Mao » c'est à nouveau le mirage, celui de l'*American way of life*...

reconversions sur les chantiers ferroviaires et dans les premières *chinatowns*. Ce seront aussi en 1851 puis en 1870 les ruées vers les « Nouvelles montagnes de l'or » *Hsin-chin-shan* (Xinjinshan) en Australie[1].

Un tel déferlement (suscité autant que spontané) n'a pas manqué de provoquer de violentes réactions syndicales et raciales qui ont abouti, dans l'ensemble, au tournant du siècle à un coup d'arrêt plus ou moins prolongé[2] ; mais le fait chinois, après d'énormes flux et reflux — 50 000 entrées et 36 000 sorties entre 1881 et 1910 au Canada, par exemple — est désormais ancré dans les « Pays neufs » où se développe le phénomène des *chinatowns* dont l'archétype est San Francisco qui regroupe déjà quelque 50 000 Chinois en 1870.

Le dispositif des « ports ouverts » et les conditions socio-économiques de la Chine d'alors ont permis, dès les années 1840, *l'organisation d'une véritable traite des coolies* — le « commerce des cochons de lait » — à grande échelle : dettes de jeu, primes illusoires, mirage d'un sort meilleur, racket, enlèvements, etc., tous les moyens étaient bons, mis en œuvre par des recruteurs eux-mêmes chinois, pour rassembler des « engagés » dans de véritables camps de concentration dans les ports d'Amoy et de Swatow, de Hong Kong et de Macao dont le comte Ludovic de Beauvoir découvre les *barracons* le 13 février 1867 :

« ... Après la première infamie de la capture par les agents subalternes, voici comment se continue... le négoce ! Celui qui "a fait la commission dans l'article hommes" reçoit, par tête de Chinois livré, 50 francs pour lui et environ 300 francs pour le vendeur... La cargaison humaine qui, par devant les juges, a consenti au départ [ou à risquer de graves représailles], est alors réintégrée au *Barra-*

1. Les chercheurs d'or avaient été précédés par des « engagés » pour la tonte des moutons. Ils sont au total 50 000 en 1888.

2. *Chinese Exclusion Act* de 1882 aux Etats-Unis, renouvelé tous les dix ans jusqu'en 1943 ; *Chinese Immigration Act* de 1885, au Canada ; Lois de 1881 et de 1888 (entre autres) en Australie.

con... Enfin le navire est arrimé, les coolies sont embarqués et chacun alors est vendu environ 750 francs par le propriétaire du *Barracon* au représentant de l'agence espagnole de navigation... [le contrat] est rédigé en espagnol et en chinois, signé et parafé par le Chinois [souvent analphabète], le procureur du Roi et le consul d'Espagne. En voici les principales clauses : "Je m'engage à travailler douze heures par jour, pendant huit ans, au service du possesseur de ce contrat et à renoncer à toute liberté pendant ce temps. Mon patron s'engage à me nourrir, à me donner quatre piastres (20 francs) par mois, à me vêtir et à me laisser libre le jour de l'expiration du contrat..." Après les horreurs d'une navigation où le typhus, les révoltes, les coups de revolver amènent chaque fois un incident nouveau, on arrive à Cuba et voici alors les survivants de nos Chinois conduits sur la place, vraie foire de bétail humain ! Selon la saison, les besoins de la culture, ou l'encombrement de la marchandise, les « Fils du Ciel » sont en hausse ou en baisse, comme la farine, le café ou les bœufs : on fait donc là des coups de Bourse sur les arrivages... Ainsi depuis le bouge de Macao jusqu'à la plantation de sucre de Cuba ou la roche de guano, le coolie a passé de la valeur de 300 francs à celle de 1 750 francs partagée entre les mains de ceux qui l'ont entrepris, c'est-à-dire 50 francs pour l'embaucheur, 400 francs pour le *Barracon,* 500 francs pour le capitaine et 500 francs pour l'agence de vente à destination ! »[1]

Ce sont quelque 500 000 « engagés » qui traverseront les océans dans les « enfers flottants » entre 1847 et 1874, année qui voit enfin le gouvernement chinois interdire un tel trafic, après enquête sur le terrain à Cuba et au Pérou ; trafic qui ne cesse pas vraiment dans les « ports ouverts » jusqu'aux années 1930, mais un dispositif d'émigration contrôlée avec des agences officielles dans les différents ports s'y substitue progressivement ; ce sont des « émigrants libres » qui vont alimenter les flux de la première moitié du XXe siècle, flux qui n'ont plus le caractère massif de la période précédente, sauf en Asie du Sud-Est comme on va le voir. Le fait nouveau est la *destination européenne* de courants dirigés au tournant du siècle vers la *Grande-Bretagne* puis les *Pays-Bas*

1. Ludovic de Beauvoir, *Voyage autour du monde, Java, Siam, Canton,* Paris, Plon, 1869, cité *in* N. Boothroyd et M. Détrie, *Le voyage en Chine,* Paris, R. Laffont, 1992, p. 106-111.

en 1911 — essentiellement des matelots et des dockers qui se sédentarisent — et vers la *France* avec le recrutement en 1917-1918, à partir du Vietnam, de Shanghai et de Weihaiwei (base britannique au Shandong) de quelque 140 000 travailleurs[1] pour « aider à l'effort de guerre » dans les usines d'armement et creuser les tranchées sur le front déployé d'Arras à Verdun[2] ; après l'armistice de 1918 la plupart des survivants regagnent la Chine mais 2 000 renouvellent leur contrat, deviendront ouvriers et commerçants à Paris, à Boulogne, à Rouen, au Creusot... et feront souche.

III. — Migrations de masse en Asie du Sud-Est

Dans le même temps où elle prend un caractère diasporique, l'émigration chinoise se transforme en mouvement de masse en Asie du Sud-Est, submergeant les strates des siècles précédents qui s'étaient plus ou moins intégrées. Les masses mises en mouvement n'ont de comparables que celles parties d'Europe pour peupler les « Pays neufs » : flux et reflux de quelque 15 millions de migrants — 7 millions d'entrées pour la seule Malaisie entre le milieu du XIXe siècle et 1940, dont 2 500 000 s'implanteront — qui constituent avec le peuplement de la Mandchourie à la même époque le phénomène migratoire le plus important du début du XXe siècle. On peut en retenir très brièvement trois manifestations essentielles :

1. **Les coolies et la mise en valeur coloniale.** — La traite des coolies a prospéré, là plus encore, grâce aux centres de redistribution que furent très vite Singapour et Penang dont les *flux annuels,* entre 1882 et 1932, ne

1. Dont quelque 40 000 *Annamites* selon la terminologie de l'époque.
2. Le premier contingent recruté à Weihaiwei en janvier 1917 débarque au Havre en avril suivant pour être affecté sur le front de la Somme, à Noyelles, où se trouve un cimetière de 838 tombes chinoises.

furent inférieurs à 100 000 qu'en 1918 et 1919. Ainsi furent développées les économies de plantation, tant dans la péninsule malaise que dans l'archipel insulindien — hévéa, canne à sucre, poivrier, tabac. etc. — mais aussi les exploitations minières, et en particulier celle de l'étain en Malaisie dont l'actuelle capitale Kuala Lumpur est issue ; entre 1881 et 1900 quelque 2 millions de Chinois arrivent dans les Etats malais fédérés et 1 700 000 à Selangor et à Perak ; dans le même temps la population chinoise de Singapour passe de 20 000 à plus de 600 000, et celle de Java et Madura de 150 000 à près de 300 000. Non seulement cette traite des coolies va progressivement céder la place, comme ailleurs, à une immigration à visage plus humain[1] mais ce sera aussi, à la faveur des structures mises en place au cours des siècles passés, un essor considérable des activités commerciales puis industrielles des communautés chinoises. Dans la plupart des villes de l'Asie du Sud-Est elles apparaissent désormais comme les intermédiaires privilégiés et efficaces entre les puissances coloniales et les sociétés indigènes. Au début des années 1930 il y aura ainsi plus de 8 millions de Chinois de la Birmanie aux Philippines. Après le coup d'arrêt de la grande crise mondiale, ce sera le flux de ceux qui fuient l'invasion japonaise de 1937, suivi à son tour par le coup d'arrêt de la Seconde Guerre mondiale.

2. **La révolution de 1911.** — *Sun Yat-sen* (Sun Zhongshan) le « père de la révolution chinoise » né près de Macao (1866), rejoint dès l'âge de douze ans son frère aîné à Honolulu où il pourra apprécier de 1878 à 1882 « l'efficacité de l'Occident », puis s'installe à Hong Kong pour étudier la médecine (1883-

1. En Cochinchine la puissance coloniale française organise à Saigon un encadrement rigoureux : 44 000 Chinois recensés en 1879, 57 000 en 1889, 156 000 en 1921, 171 000 en 1937.

1892) et y fonde, ainsi qu'à Honolulu, une « Société pour la régénération de la Chine » *(Xinzhonghui)* ; après quoi il passe quinze années en proscrit, d'un pays à l'autre, pour être enfin proclamé président de la République chinoise à la fin de 1911... ; un tel parcours montre assez les nouveaux rapports entre la Chine et sa diaspora[1], et en particulier la nouvelle bourgeoisie marchande et même industrielle qui en est issue et dont certains notables pensent qu'il leur incombe la tâche de « régénérer la Chine »... depuis Hong Kong, Singapour, Penang, Manille, etc.

C'est une flambée de nationalisme qui se traduit, notamment, par un important soutien financier, des investissements pour des infrastructures (chemin de fer) et des activités productives en Chine méridionale, la création de 23 journaux « révolutionnaires » en Asie du Sud-Est et en particulier à Singapour, le départ de nombreux jeunes de la diaspora pour les universités du Continent. Manifestations qui prolongent un mouvement initié en 1895 par le gouvernement de Pékin qui s'efforce d'associer les entrepreneurs de la diaspora à sa nouvelle politique de réforme : un des plus riches marchands du Nanyang, le Cantonais (de Malaisie) *Chong Pi-shi* (Zhang Bishi) est, par exemple, nommé en 1903 vice-président du nouveau ministère du Commerce...

Ainsi, « au moment où l'Empire, par une de ces vastes oscillations qui marquent son destin, commence à se détourner de sa vocation continentale pour s'ouvrir aux influences venues de la mer, l'émigration chinoise accède à un rôle historique »[2]. Le nouveau sentiment nationaliste s'illustre aussi en 1937-1940 lors de l'agression japonaise, quand de nombreux jeunes émi-

1. L'épouse de Sun Yat-sen, Song Qingling décédée à Pékin en 1981 où elle fut vice-présidente de la République populaire et vice-Présidente de l'Assemblée populaire nationale est native de Wenchang, le principal foyer d'émigration de Hainan. Sa sœur fut l'épouse de Tchang Kai-shek.

2. Marie-Claire Bergère, *L'âge d'or de la bourgeoise chinoise,* Paris, Flammarion, 1986, p. 50.

grés s'engageront dans l'armée chinoise ; et l'ouverture de la Chine en 1979-1980 implique plus que jamais les capitaux et le savoir-faire de la diaspora...

3. **L'ancrage de la diaspora.** — On a vu que l'émigration antérieure au fait colonial occidental s'était limitée au Nanyang, pour s'y intégrer plus ou moins par mariages mixtes, mais aussi pour s'y ancrer sans esprit de retour grâce à une émigration féminine le plus souvent clandestine, excessivement limitée mais jamais vraiment tarie[1]. L'immigration de masse des coolies fut d'abord considérée comme temporaire et devant par conséquent s'accommoder de la prostitution qui, avec l'opium et le jeu, fit alors les beaux jours des organisations criminelles. La levée totale de l'interdit impérial en 1893 encourage de plus en plus de femmes à suivre leurs migrants de maris, mais ce sont surtout les mesures de régulation et de restriction des années 1930 qui, en renchérissant et en limitant l'immigration des hommes[2], laisse le champ libre à l'immigration féminine qui va bouleverser le *sex ratio* de la diaspora comme à Singapour, par exemple, où il passe de 14,4 hommes pour une femme en 1860 à 4,7 en 1892 et à 1,7 en 1931, tandis qu'aux Philippines il passe de 13 en 1918 à 4 en 1939, que la proportion de femmes chinoises est multipliée par quatre entre 1911 et 1941 en Malaisie, et forme 63 % des arrivées au Vietnam au début des années 1930. Phénomène capital que celui de la féminisation de l'émigration en ces débuts du XXe siècle, qui va stabi-

1. Il s'agit de l'émigration plus ou moins libre mais toujours à finalité matrimoniale. La traite des femmes organisée par les « Sociétés secrètes » pour ses innombrables « maisons » portait (a-t-elle cessé ?) sur de considérables effectifs, en renouvellement permanent ; ainsi sur un peu plus de 50 000 Chinois en 1865, Singapour comptait plus de 2 400 prostituées importées et asservies pour la plupart.

2. Et notamment *Immigration Restriction Ordinance* de 1930 en Malaisie et *Aliens Ordinance* de 1933 à Singapour.

liser et ancrer les communautés, leur donner un solde naturel qui se substituera au solde migratoire rendu négatif par la grande crise, la Seconde Guerre mondiale et le verrouillage de la Chine populaire (jusqu'à la fin des années 1970), et leur assurer une pérennité culturelle par l'éducation des enfants ; bref une transformation de l'émigration chinoise traditionnelle en véritable *fait diasporique.*

C'est aussi le temps d'une mutation rapide des structures économiques — en 1906 est créée à Singapour la première Chambre de commerce chinoise outre-mer — du développement d'activités industrielles diversifiées, des investissements immobiliers et surtout de la montée en puissance des banques chinoises.

Tableau 1. — **Structures des communautés chinoises en Asie du Sud-Est, XIXᵉ-XXᵉ siècles**

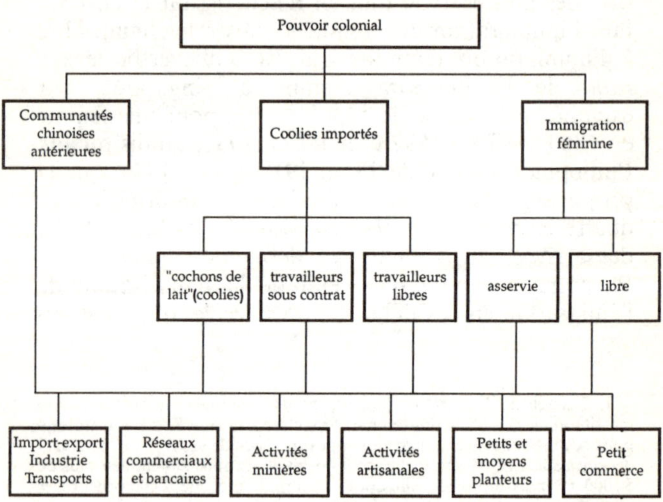

D'après Y. L. Wu et C. H. Wu, *Economic Development in Southeast Asia,* Stanford, 1980, p. 131.

IV. — Flux et reflux contemporains

Au lendemain de la Seconde Guerre mondiale un nouveau bouleversement géopolitique fracture le monde, fracture qui passe en 1949 au sein même de la Chine — République populaire/Taiwan/Hong Kong et Macao —, tandis que les anciens empires coloniaux vont donner naissance à de nouveaux Etats souverains. D'où de nouvelles turbulences migratoires qui seront, d'abord, des *exodes dans tous les sens* :

— réfugiés du *Continent* devenu République populaire, en 1949-1950, vers *Taiwan* (quelque 2 millions de personnes, qui suivent le Guomindang), vers les *Etats-Unis* (bourgeoisie shanghaienne surtout) et vers *Hong Kong* qui recevra, en plusieurs vagues[1] entre 1950 et 1982, plus de 2 millions de réfugiés, soit près de la moitié de la population de la Colonie ;

— exodes *d'Indonésie* (pogroms de 1959 et coup d'Etat militaire de 1965), puis du *Vietnam* (1976-1979), qui conduisent en Chine populaire plus de 1 million de réfugiés *(huiqiao)* qui seront confinés sur des implantations spécifiques au Guangdong, à Hainan, au Fujian, provinces historiques de l'émigration ;

— réfugiés chinois de *Malaisie* (insurrection communiste de 1948) vers *Singapour* à raison de 10 000 par an en moyenne de 1947 à 1957, etc.

Depuis les années 1960-1970 le fait majeur est la *reprise des courants vers les « Pays neufs »* et la *crue des flux vers l'Europe* nourris par tous les fragments du monde chinois, mais dans des conditions géopolitiques différentes :

— 1960-1971 : migration de plus de 50 000 Chinois de Hong Kong, Singapour et Malaisie vers la *Grande-Bretagne* ;

— 1965 : amendement américain sur les quotas d'immigration asiatique (loi Hart-Cellar) qui fait passer le nombre de Chi-

1. Flux en réalité ininterrompu mais marqué par quatre grandes vagues — 1949 : surtout des « capitalistes » shanghaiens ; 1962 : des paysans fuyant la famine du « grand bond en avant » et qui seront intégrés dans les « industries de main-d'œuvre » qui participent à la fortune de Hong Kong ; 1966 : d'anciens gardes rouges qui fuient la répression sur le Continent ; 1976-1978 : des Chinois d'outre-mer rapatriés sur le Continent en 1950-1965 et qui obtiennent de gagner Hong Kong.

nois aux *Etats-Unis* de 237 000 en 1960 à près de 2 millions en 1990 ; de même au *Canada* à partir de 1967 : moins de 40 000 arrivées de 1846 à 1965 (dont 66 % de Hong Kong), plus de 104 000 de 1971 à 1980 dont 80 % de Hong Kong, 11 % de Chine populaire et 9 % de Taiwan ;

— 1975 : Chinois réfugiés du Surinam aux *Pays-Bas* (précédés par des Chinois d'Indonésie) ;

— 1976 : unification du Vietnam et dramatique épisode des *« boat people »* qui, dans un premier temps, sont des Chinois de Cholon et de la région ; exode qui sera suivi en 1978 par celui des Khmers, sino-Khmers et Chinois du Cambodge fuyant l'horreur « khmer rouge » ; Paris est la principale destination de cette vague de quelque 100 000 personnes (dans cette première période) ;

— depuis les années 1980 l'ouverture relative de la République populaire laisse filtrer un courant *diffus* vers *Hong Kong,* vers *l'Europe* et les *« Pays neufs »,* essentiellement les *Etats-Unis.* Ce ne sont plus seulement les provinces historiques de l'émigration qui sont concernées mais l'ensemble de la Chine orientale, en particulier Pékin et Shanghai ;

— depuis 1984, date de l'Accord sino-britannique qui annonce la rétrocession de Hong Kong à la Chine en 1997, c'est un mouvement de capitaux et de *« yacht people »* : 20 000 personnes en moyenne ont quitté chaque année Hong Kong depuis les années 1980 pour atteindre 45 000 en 1988 à destination de l'*Amérique du Nord,* de l'*Australie* voire même de *Singapour* et de l'*Europe occidentale,* et aussi des paradis fiscaux des *Caraïbes.*

Flux contemporains qui convergent donc vers le *monde occidental*[1], en drainant, fait nouveau, des effectifs en provenance de l'ensemble du monde chinois, de Chine continentale comme de Taiwan, de Hong Kong comme du Vietnam...

Si l'on excepte le phénomène indochinois et les filières particulières et limitées (cf. deuxième partie), ces flux contemporains sont constitués non plus tant de coolies, artisans et boutiquiers, mais aussi de financiers, d'intellectuels, de cadres et d'étudiants ; c'est un autre fait nouveau, essentiel, surtout en Amérique du

1. De 1970 à 1980, la croissance de la diaspora dans le monde a été de 2,5 %, mais de 8,2 % en Amérique et de 16,7 % en Europe.

Nord et en Australie qui, porteur d'avenir, complète la structure de la diaspora. On peut voir désormais sur les mêmes bancs, dans les amphithéâtres de nos universités, les enfants du continent, de Taiwan, de Hong Kong, des *Chaozhou* du Cambodge et des *Cantonais* du Vietnam, des *Hakka* de Tahiti et de La Réunion, et parfois même des Singapouriens, qui pratiquent leur propre dialecte mais ont parfois en commun non seulement la langue chinoise nationale *(putonghua)* mais aussi le français et souvent l'anglais...

Chapitre III

LES FOYERS DE L'ÉMIGRATION

I. — Le dispositif géographique

La profondeur continentale de la Chine et l'absence de véritable tradition maritime au nord — où les immenses deltas sablonneux et mobiles ont moins favorisé un ancrage portuaire qu'un enracinement terrien, tandis que l'horizon océanique est vide (Pacifique Nord) ou verrouillé par l'archipel japonais — ont laissé au sud la fonction maritime historique, à l'abri des invasions barbares et à la faveur d'un littoral rocheux extrêmement festonné et doublé d'une guirlande insulaire abondante, riche d'accueillants mouillages ; ce littoral se déploie en direction des mers du Sud, ce carrefour d'un monde à l'autre, avec son dispositif insulaire et péninsulaire aisément pénétrable. Ainsi, tandis qu'une émigration massive *mais récente* (depuis le XIXe siècle surtout) s'est dirigée d'une Chine du Nord surpeuplée et frappée d'énormes fléaux (défluviations du fleuve Jaune, famines par sécheresses) presque *exclusivement*[1] vers la *Mandchourie* — l'actuelle Chine du Nord-Est qui n'est pas l'outre-mer —, *la diaspora est, elle, massivement d'origine méridionale, littorale et sublittorale* : sur les 30 provinces et circonscriptions assimilées que compte aujourd'hui la Chine, 3 seulement sont à l'origine d'environ 90 % de la diaspora, soit les provinces de *Fujian, Guangdong* et *Hainan* qui, au recensement de 1990, totalisent moins de 10 % de la population du pays, soit quelque 100 millions

1. Quelque 50000 Chinois du Nord sont aujourd'hui dans la péninsule coréenne et quelque 80000 au Japon ; restaurateurs et commerçants surtout.

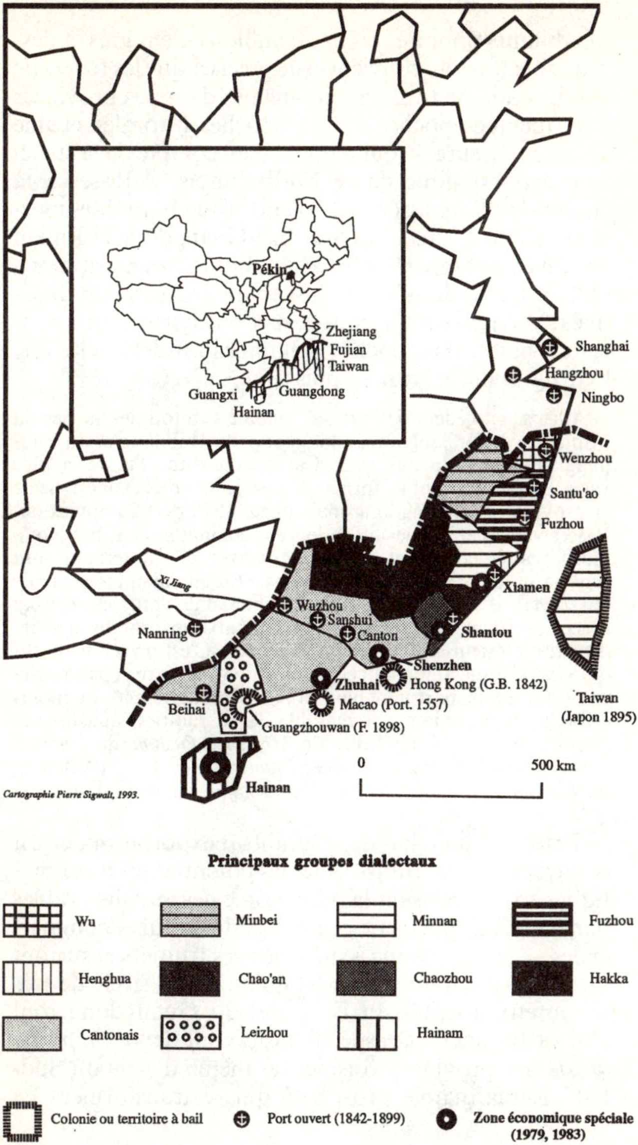

Carte 1. — Les foyers d'émigration de la Chine.

d'habitants pour au moins 20 millions d'émigrés et descendants ; encore convient-il de préciser que les foyers de l'émigration ne forment eux-mêmes dans ces provinces que quelques poches — cinq poches littorales et une poche intérieure — qui rendent bien compte de la structure géographique de ce Midi chinois. Adossés à la chaîne des Nanling (vers 1 000 m) et aux batholites massifs (1 000 à 1 500 m) du Sud-Est, Guangdong et Fujian ont pu être comparés à des « amphithéâtres maritimes » (J. Needham) dont les gradins collinaires serrés et disséqués s'ouvrent sur un front de mer où alternent promontoires, baies, rias, poches deltaïques où débouche une hydrographie brève mais puissante.

Ainsi se succèdent de l'est du Fujian à Canton, les vallées du Minjiang, du Jinjiang, du Jiulongjiang, du Hanjiang et du Zhujiang dont le delta qui porte Canton constitue l'unité la plus vaste, et qui pourtant ne forme qu'à peine 5 % de la superficie de la province de Guangdong mais porte 40 % de sa population. Basses vallées et plaines littorales, qui communiquent beaucoup plus aisément entre elles par la mer qu'avec leur hinterland, sont tout naturellement les foyers urbains, et d'une manière générale des foyers d'énorme accumulation humaine dont les *densités brutes* excèdent 500 et souvent 1 000 hab./km^2, tandis que les densités intérieures dépassent à peine 100. C'est un tel dispositif qui s'est affirmé au débouché de chaque vallée par l'épanouissement d'une ville portuaire plus moins rayonnante, plus ou moins durable, mais toujours inséparable de la tradition maritime et migratoire de ce Midi : vallée du *Min* avec *Fuzhou,* du *Jin* avec *Quanzhou,* vallée du *Jiulong* avec *Zhangzhou* et *Amoy (Xiamen),* du *Han* avec *Swatow (Shantou),* du *Zhujiang* avec *Canton...*

Tradition marchande, courants d'exportation, esprit d'entreprise vont transformer les potentialités bioclimatiques en compensant la parcimonie des terroirs arables par un développement généralisé de cultures commerciales — indigo, canne à sucre, arbres fruitiers et surtout théiers — avec un succès tel qu'au XVIIIe siècle de très nombreux districts du Fujian et du Guangdong tout entiers adonnés à ces spéculations vont devoir *importer du riz* des provinces voisines, et même d'Asie du Sud-Est ! Remarquable prospérité qui se transformera en désastre quand, au XIXe siècle, les effets conjugués de la crise du système impérial, des prolongements de la rébellion des Taiping et surtout des guerres de l'Opium vont désorganiser cultures et courants commerciaux et même priver de ressources vivrières des régions entières où se sont accumulés les hommes.

L'économie du théier, au Fujian, en est un exemple illustre et dramatique : c'est le thé de cette province qui a été commercialisé en Europe, puis dans le monde par le soin des Hollandais d'abord (qui débarquent au Fujian au début du XVIIe siècle), puis des Britanniques; les tonnages exportés seront multipliés par 30 entre 1720 et 1830 ! C'est alors toute une économie du théier qui prend le pas sur les autres activités y compris l'agriculture vivrière, mais qui sera minée à partir de 1839, quand les Britanniques introduisent les plantations dans leur Empire des Indes puis le commerce de l'opium en Chine. Un pan essentiel de l'économie de toute la Chine maritime et de son hinterland s'écroule ainsi et entraîne avec lui des masses humaines que tout pousse à la mer... C'est le *tay* du dialecte *minnan* (Fujian) qui a donné les vocables de la plupart des langues d'Europe occidentale, *(thé, tea, té...),* et aussi de ceux des langues de l'Extrême-Orient (en coréen, en malais, en tamoul, en singhalais...), tandis que le cantonais *cha* a donné les vocables arabe, portugais (Macao), vietnamien, hindi... et que le pékinois *châ* (langue nationale) ceux du turc, du tibétain, des langues slaves...

II. — La configuration humaine

Le dispositif topographique a, par ailleurs, contribué à accuser de vigoureux particularismes humains qui procèdent de l'histoire et de l'ethnographie[1]. Le peuplement *han* s'y est en effet imposé assez tardivement — depuis les VIIIe-Xe siècles (dynastie Tang) au Guangdong, les XIIe-XIIIe siècles (dynastie Song) au Fujian et le XIVe siècle à Hainan — et surimposé à une complexe marqueterie ethnique, notamment *She, Miao, Yao* et surtout *Zhuang* (famille Thaïe) peuple avec lequel les Chinois du Guangdong se sont souvent métissés.

1. On consultera avec beaucoup de profit l'ouvrage de référence de Leo J. Moser, *The Chinese Mosaïc, the Peoples and Provinces of China,* Boulder, Westview, 1985.

Ainsi tandis qu'au nord les *Han* doivent subir les invasions récurrentes des « barbares » turco-mongols, ce sont, au Midi, les « barbares » *Man*[1] qui subissent l'emprise *Han* ; il en résulte un long brassage qui, dans son abri géographique, aboutit au façonnement de traits socioculturels distincts, à bien des égards, de ceux de la société chinoise du Nord ; c'est en particulier la puissance de la structure lignagère et clanique, des organisations associatives diverses et des sociétés secrètes (Triades) dont le berceau est au Fujian, des pratiques religieuses et culturelles spécifiques, bref autant de traits qui joueront un rôle structurant essentiel dans la diaspora.

Une manifestation particulièrement éloquente et durable de ces particularismes est la *complexité dialectale* du Midi où subsistent des dizaines de dialectes[2], avec des variantes d'un village à l'autre, incompréhensibles des gens du Nord et le plus souvent non intercompréhensibles.

L'essentiel de la diaspora issue d'une quarantaine de districts des trois provinces méridionales de Fujian, Guangdong et Hainan, se répartit en une *dizaine de groupes dialectaux qui ont constitué autant de filières migratoires,* dont les plus nombreuses sont ainsi réparties (voir page suivante).

1. Terme qui désignait traditionnellement l'ensemble des populations indigènes du Sud.

2. Avec l'établissement de la République populaire et la généralisation de l'instruction publique, et notamment l'enseignement de la langue nationale *putonghua* (qui a pour base le dialecte du Nord épuré, et la prononciation de Pékin), les dialectes semblaient condamnés au même destin que les patois de l'Europe et notamment de la France ; mais la géographie humaine de la Chine n'est pas la nôtre et encore moins les échelles qui font que le dialecte cantonais ou même *Minbei* ou *Minnan,* a plus de locuteurs que bien des *langues* de l'Europe ; qui plus est, l'évolution de la Chine depuis quinze ans pousse à l'inverse : travail des enfants dans les ateliers, désengagement de l'Etat de sa mission éducative, recherche du profit immédiat à tout prix font reculer dramatiquement la scolarisation et le dialecte redevient la *langue.*

Tableau 2. — **Les composantes de la diaspora**

Provinces	Dialectes	% de la diaspora	Implantations principales
GUANGDONG	- cantonais (1)	± 24	Malaisie Singapour Vietnam Etats-Unis
	- teochiu (chaozhou)	± 22	Thaïlande Singapour Cambodge France
GUANGDONG et FUJIAN	- hakka	± 18	Malaisie Indonésie Thaïlande Singapour
FUJIAN	- minnan	± 20	Indonésie Malaisie Philippines Singapour
	- minbei (2)	± 5	Malaisie Singapour Indonésie
HAINAN	- hailam (hainan)	± 2	Thaïlande Singapour Malaisie Cambodge
AUTRES PROVINCES (3)	- wu, - mandarin du nord, du sud-ouest, etc.	± 9	Singapour Thaïlande Amérique du Nord Australie Europe occidentale

(1) En outre la population de Hong Kong (± 6 millions) et de Macao (± 600 000) est essentiellement *cantonaise,* tandis que celle de Taiwan (± 21 millions) est surtout *minnan.*

(2) y.c. hokchiu, hokchia, henghua.

(3) Zhejiang (France, Europe occidentale), Yunnan (Birmanie, Thaïlande), Shandong (Corée, Japon), et aussi Shanghai, Pékin, Tianjin.

1. **Les Cantonais** (dialecte *Yue*) sont présents un peu partout dans la diaspora à tel point que leur dialecte a servi et sert encore de *langue commune* entre les différentes composantes, en particulier au Vietnam où ils sont majoritaires. Ils sont relativement bien représentés dans la Péninsule malaise et à Singapour et ont longtemps personnifié le *Chinois* en Occident, pour avoir nourri l'essentiel de l'immigration dans les « Pays neufs » où les *chinatowns* sont véritablement des villes cantonaises. Ils ont particulièrement prospéré aussi bien dans le grand négoce que dans l'artisanat et sont universellement connus (parfois abusivement) par leurs restaurants. Les Quatre districts *Sze-yap* (Si-Yi) à l'ouest de Canton et les Trois districts *Sam-yap* (San-Yi) au nord du delta en constituent les foyers essentiels.

2. **Les Teochiu ou Teochew** (Chaozhou) sont issus du Fujian, puis installés dans l'arrière-pays de Swatow, autour de la préfecture de Chaozhou (débouché deltaïque du Hanjiang) et au contact du Guangdong et du Fujian ; contact qui se manifeste dans un dialecte apparenté non au cantonais mais au dialecte *minnan* du sud-Fujian. Il reste que les Teochiu ont une puissante personnalité au sein de la diaspora : c'est un général Teochiu à qui le destin a confié au XVIIIe siècle le sauvetage de la nation siamoise après le sac de sa capitale par les Birmans, et c'est l'immigration Teochiu qui a été particulièrement favorisée en Thaïlande où ils forment aujourd'hui l'essentiel de la diaspora (largement intégrée) ; c'est également le cas au Cambodge et depuis 1975 à Paris. Partout les Teochiu se sont taillés une place éminente dans le commerce agro-alimentaire et dans le secteur bancaire que favorisent leurs affinités à la fois avec les *Hokkien (Minnan)* et avec les *Cantonais*.

3. **Les Hokkien**[1] (Fujian) sont essentiellement originaires de la région d'Amoy au sud du Fujian ; c'est probablement le peuple de Chine qui a fait preuve de la tradition maritime la plus précoce, essaimant d'abord vers Shanghai au nord, à Hainan au sud, à Taiwan surtout ; le peuple hokkien a nourri très tôt la diaspora à Java, à Penang, à Malacca, à Luzon, notamment pour former des communautés métisses, *peranakan, baba, mestizo.* Les Hokkien forment la composante essentielle de la diaspora en Indonésie, aux Philippines, en Malaisie, à Singapour. Ce sont surtout des commerçants et des banquiers qui ont mis à profit la nature et l'importance de leurs implantations pour tisser un solide tissu économique transnational.

4. **Les Hakka** *(Kejia)* constituent une diaspora dans la diaspora qui a fui les invasions turco-mongoles en Chine du Nord à partir du IVe siècle pour aboutir au début du IXe siècle, après quatre grands épisodes migratoires, au Sichuan et surtout dans les massifs limitrophes du Jiangxi et du Fujian[2], et dans la préfecture de *Meixian* (Guangdong oriental) qui devient le « pays hakka » mais qui ne les fixe pas complètement pour autant : ils essaimeront à nouveau aux XIXe-XXe siècles vers le delta de Canton, à Hong Kong, au Guangxi[3], à Taiwan et surtout outre-mer où ils sont au moins 5 millions, essentiellement en Malaisie, en Indonésie, à Singapour mais aussi dans les îles du Pacifique et de l'océan Indien, ainsi qu'en France[4]. Leur appellation même est celle de leur destin : *Hakka* ou *Kejia* (en

1. Prononciation dialectale de *Fujian,* dont le nom littéraire est *Min* d'où *Minnan* : Fujian méridional.

2. Base de départ en octobre 1934 de la Longue Marche qui enrôle nombre de combattants Hakka qui, sur leur propre terrain, lui permettent de percer les lignes de blocus des forces nationalistes.

3. D'où ils passeront au Vietnam, pour revenir en Chine en 1978, chassés par l'état de guerre sino-vietnamien.

4. Ils sont 2 millions à Taiwan et quelque 33 millions en Chine, répartis entre Guangdong, Fujian, Jiangxi, Hunan, Guangxi et Hong Kong.

mandarin) désigne « les *invités* » c'est-à-dire les *« nouveaux venus »,* et pas particulièrement bienvenus, qui ont toujours dû s'accommoder des terroirs les plus ingrats ou les plus marginaux. C'est dans l'adversité[1] que ce peuple s'est forgé une endurance exceptionnelle aux travaux les plus durs y compris pour les femmes — mines, travaux publics — et aussi aux combats, des Taiping à la Longue Marche. La cohésion culturelle est d'autant plus remarquable que la fragmentation géographique et la mobilité sont accentuées ; elle repose fondamentalement sur la *langue,* dialecte forgé dans la migration pluriséculaire. Si les Cantonais, Teochiu et Hokkien sont généralement crédités de la réussite commerciale et financière, les *Hakka* s'illustrent surtout par des destins individuels militaires et politiques[2] comme ceux, par exemple, des maréchaux *Chu De, Chen Yi* et *Ye Jianying,* héros de la Longue Marche, de l'ancien premier ministre de Birmanie *Ne Win (Maung Shu-maung),* de l'ancien gouverneur de Trinité et Tobago *Solomon Hochoy* et tout simplement des trois dirigeants actuels du Monde chinois : *Deng Xiaoping*[3], *Lee Teng-hui* (Taiwan) et *Lee Kuan-yew,* ex-premier ministre de Singapour.

1. Y compris les affrontements armés de 1864 à 1867, en pays cantonais, avec les *« Bendi »* (Cantonais autochtones) qui ont fait peut-être 1 million de victimes et qui ont été souvent transposés outre-mer et notamment à Singapour et à la Réunion.

2. Sans préjudice de brillantes réussites *économiques* comme celle du milliardaire *Aw Boon Aw* (Birmanie) l'inventeur du « baume du Tigre », et de quelques puissants hommes d'affaires de Malaisie, de Singapour et d'ailleurs.

3. Les spécialistes ne sont toutefois par d'accord sur son origine.

DEUXIÈME PARTIE

GÉOGRAPHIE DE LA DIASPORA

Chapitre I

LE FAIT CHINOIS OUTRE-MER

I. — Les effectifs et leur répartition

L'incertitude des chiffres est un des caractères inhérents à tout phénomène migratoire et elle est d'autant plus grande que la migration est ancienne, multiple, insérée dans des pays d'accueil très différents, soumise à des régimes variables où parfois l'identité ethnique met en péril la sécurité. Les statuts sont divers : Chinois naturalisés, Chinois avec passeport de Pékin ou de Taiwan, Chinois apatrides, Chinois transférés sous une autre nationalité (Chinois du Vietnam et du Cambodge en France depuis 1975), Chinois intégrés par mariages mixtes... Ce sont aussi les sources statistiques (et politiques) qui peuvent diverger, celles de Pékin et de Taiwan notamment ; celles de Pékin ne comptabilisent-elles pas, par exemple, dans les effectifs des « Chinois d'outre-mer » les réfugiés *Kazakhs* du Xinjiang dans l'ex-URSS et les réfugiés *Tibétains* en Inde ? Exodes qui n'ont en fait rien à voir avec la *diaspora*

Han alors qu'en revanche il y a bien lieu de parler d'une diaspora tibétaine...

Les données chiffrées varient par conséquent d'une publication à l'autre, elles sont généralement en retard sur la réalité où relèvent de dates différentes d'un pays à l'autre. Le tableau ci-après n'échappe pas aux incertitudes évoquées ; il reprend la publication la plus récente (1989) éditée par Pékin et dont les données sont désormais très proches de celles habituellement publiées par Taiwan[1].

Un tel tableau fait apparaître les grands traits de la répartition géographique de la diaspora qui est *caractérisée à la fois par une très large dispersion qui touche aux cinq Continents et aux trois Océans* — plus de 130 Etats et territoires — *et par une énorme concentration en Asie du Sud-Est* — quelque 88 % pour la période considérée ; c'est là une manifestation géographique durable de l'évolution historique rappelée ci-dessus.

Le tableau fait également apparaître l'importance *en valeur relative* du fait chinois dans la plupart des Etats de l'Asie du Sud-Est et dans quelques milieux insulaires de très petite taille (Tahiti, île Maurice), et au contraire des valeurs inférieures à 1 % dans la plupart des autres implantations. Mais nous verrons que l'importance réelle du phénomène diasporique va bien au-delà de son expression quantitative ; elle se manifeste surtout par sa concentration urbaine et plus encore par son rôle économique.

1. Les divergences principales portent sur l'Indonésie où les statistiques de Taiwan ne recensent que 4 300 000 Chinois d'outre-mer, sur les Philippines avec seulement 500 000 et sur la Malaisie où, au contraire, elles en comptent 500 000 de plus que celles de Pékin. Divergences qui soulignent bien la complexité du fait chinois en Asie du Sud-Est et sa sensibilité géopolitique.

Tableau 3. — **Le fait chinois dans le monde en 1980-1985**

Etats et territoires	Population d'origine chinoise (*huaren*)	% de la population totale
ASIE (sans la Chine)	18 474 491	
- Indonésie	6 150 000	4,02
- Thaïlande	4 800 000	10,33
- Malaisie	4 100 000	33,34
- Singapour	1 856 237	76,89
- Philippines	1 036 000	2,04
- Birmanie	700 000	1,97
- Vietnam	700 000	1,22
AMERIQUES	1 633 075	
- Etats-Unis	910 843	0,39
- Canada	325 000	1,31
- Brésil	65 000	0,05
- Pérou	52 000	0,27
- Panama	33 000	1,61
- Jamaïque	20 000	0,88
EUROPE	550 026	
- Royaume-Uni	230 000	0,41
- France métropolitaine	210 000	0,38
- Pays-Bas	60 000	0,41
- Allemagne	20 000	0,03
OCEAN PACIFIQUE	168 456	
- Australie	122 700	0,88
- Nouvelle-Zélande	20 000	0,63
- Tahiti	20 000	11,76
AFRIQUE	78 509	
- Ile Maurice	34 100	3,55
- Madagascar	13 600	0,14
- La Réunion	13 400	2,43
- Afrique du Sud	11 000	0,03
TOTAL OUTRE-MER	20 905 457	
ESPACE CHINOIS		
- Chine populaire	940 942 034	93,33
- Taiwan	19 159 082	98,20
- Hong Kong	4 885 600	97,90
- Macao	271 400	98,00

Source : *Renkou Yanjiu (Recherches démographiques)*, n° 3, 1989, p. 27-31.

II. — Chinatowns

La diaspora chinoise s'est implantée et développée principalement sous une forme urbaine à tel point qu'elle s'est confondue aux yeux des Occidentaux avec le phénomène de *chinatown,* par référence aux morphologies urbaines spécifiques apparues au siècle dernier en Amérique du Nord et dont San Francisco était l'emblème. Un tel fait urbain est né d'abord dans les pays du *Nanyang* où il confère aujourd'hui encore un air de parenté à de très nombreuses villes, petites et grandes, y compris des capitales comme Bangkok, Kuala Lumpur et Manille, par exemple.

Qu'est-ce donc qu'une *chinatown*[1] ? C'est un quartier affecté à une implantation chinoise, souvent voulu et défini comme tel, au sein d'une agglomération préexistante ou en création et qui a fini, par sa taille, sa structure, sa cohérence, par devenir une *ville dans la ville.* Souvent l'implantation fut imposée aux immigrants, soit par ségrégation raciale comme dans les villes des « Pays neufs », soit par planification urbaine du colonisateur — autre forme de ségrégation raciale — comme dans bien des grandes villes d'Asie du Sud-Est et dont le Singapour du début du XIXe siècle est le plus fameux exemple (cf. carte 2) ; souvent aussi l'implantation chinoise *a précédé* l'urbanisation comme c'est le cas de bien des villes de Malaisie, et en particulier de sa capitale Kuala Lumpur, née d'une nébuleuse de lotissements de mineurs d'étain chinois. Quel que soit le cas de figure, la *chinatown* apparaît d'abord comme un *fait culturel* fortement affirmé par son « marquage visuel »

1. Les Chinois, eux, les désignent par *Tangcheng* « ville Tang », car les Cantonais aimaient à se considérer comme *Tangren* par référence à la dynastie Tang (618-907) qui a définitivement investi et organisé le Midi chinois ; *Tangren jie* « rue cantonaise » et *huabu* « port chinois » sont d'autres expressions pour désigner ces *chinatowns.*

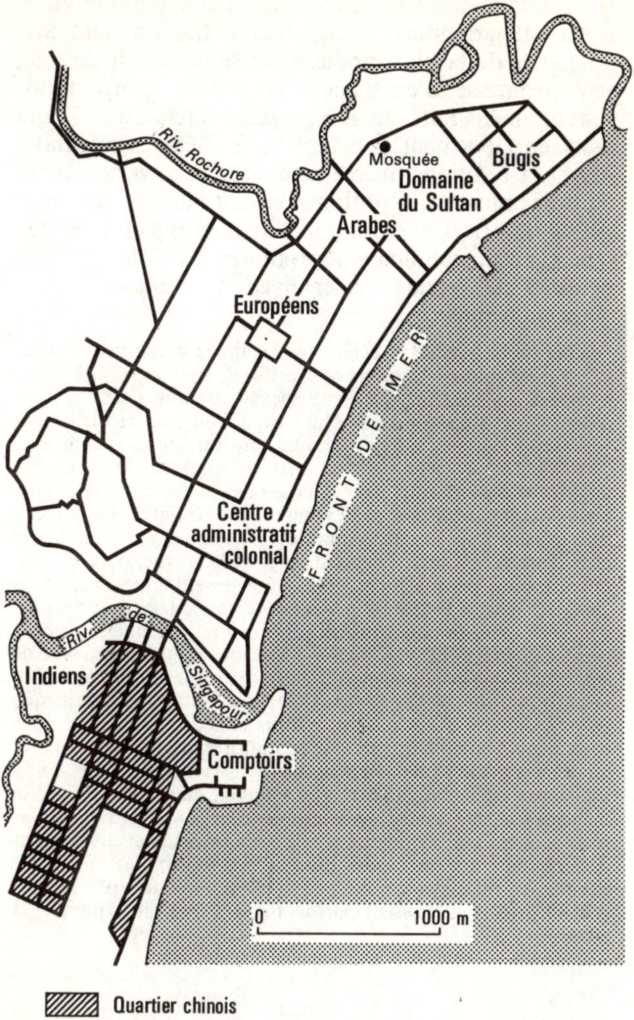

Carte 2. — Le noyau historique de Singapour vers 1828.

(I. Taboada-Leonetti) tout à fait incomparable grâce à ses idéogrammes (sinogrammes) qui donnent aux enseignes de la plus modeste boutique un air de fête, une promesse d'exotisme... et par sa morphologie fonctionnelle faite de *compartiments* (cf. carte 3) qui associent logement à l'étage (1 à 3 étages au maximum) et boutique au rez-de-chaussée, ouverte sur un trottoir couvert qui prolonge en fait l'espace commercial à l'abri des excès du climat tropical humide ; trame et morphologie reproduites dans les « Pays neufs » au siècle dernier avec une touche « Far West » en plus.

Ville dans la ville, la *chinatown* est dotée d'une dense infrastructure ethnique — commerces, artisans, temples, associations, journaux... — au service d'une société structurée et stratifiée, dotée d'une quasi-autonomie mais qui s'ouvre sectoriellement vers l'extérieur par ses restaurants, surtout. Elle a constitué et constitue encore ici ou là un maillon essentiel de la chaîne migratoire en tant que *foyer d'accueil* des nouveaux migrants et *conservatoire identitaire* de la communauté émigrée. Cette fonction d'accueil, qui opère comme un sas entre le pays natal et le pays d'arrivée — pour l'apprentissage de la langue, pour un premier emploi, pour s'intégrer aux réseaux ethniques, etc. — a valu très vite à toutes les *chinatowns* une *surcharge démographique* de plus en plus considérable qui s'est traduite par un de leurs caractères bien visibles — les foules et l'animation de leurs rues — et par un aspect dérobé aux regards mais décisif — la partition interne des compartiments en autant de réduits que de nouveaux sous-locataires[1], réduits conçus simplement pour deux lits côte à côte qui ont fini par abriter des familles entières au début du XXe siècle. On a ensuite construit en hauteur, tant à Singapour qu'a Bangkok et qu'à Cholon, mais toujours sur la même trame. On conçoit que dans de telles conditions ces foyers d'accueil, ces conservatoires si efficaces, soient souvent devenus des agglomérats de taudis (jusqu'à 2 000 hab./ha), abandonnés par les migrants qui ont réussi, et investis tant par les rats gros et gras (qui finissent parfois dans la marmite) que par la pègre.

1. Rappelons que cette immigration fut très longtemps uniquement masculine.

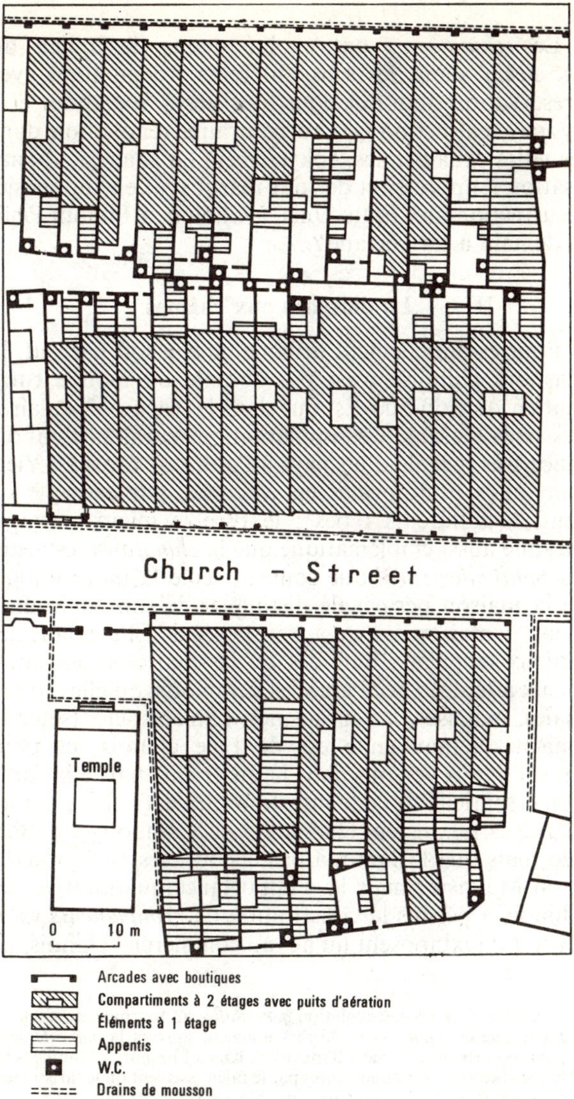

Carte 3. — Habitat urbain chinois en « compartiments » à Georgetown (Penang). Malaisie (d'après J. Küchler, *Penang : Kulturlandschaftswandel und ethnisch-soziale Struktur einer Insel Malaysias,* Giessen, 1968).

Les *chinatowns* ont évolué depuis le milieu du XXe siècle[1] dans des sens différents : démolition avec préservation d'un îlot pour touristes à Singapour et à Sydney, extinction ou, au contraire, rénovation dans les villes canadiennes, enkystement en Malaisie, banalisation (suppression de tout marquage) en Indonésie, résurrection aux Etats-Unis, à Cholon, à Phnom Penh et demain à La Havane ?...

III. — La diaspora aux champs

Pour essentiellement urbaine qu'elle soit partout, la diaspora chinoise n'est pas absente du monde rural tant en Asie du Sud-Est que dans les espaces insulaires des trois Océans. Ces implantations rurales, d'importance très inégale d'un pays à l'autre — rares au Vietnam mais multiformes en Malaisie, par exemple — sont de différents types : le type le mieux partagé, presque aussi emblématique que la *chinatown,* est celui du *boutiquier rural* que souvent seule la morphologie de la maison permet de distinguer de son environnement : « maison à terre » transposée de Chine dans des milieux tropicaux humides où les maisons indigènes, mieux adaptées, sont établies sur pilotis, qu'elles soient thaïes, malaises, indonésiennes, khmères, etc. (seule la maison vietnamienne est de type chinois, et pour cause). Nous verrons dans la quatrième partie la fonction essentielle de cette insertion rurale, facilitée par les mariages mixtes en Thaïlande, au Cambodge, à Bornéo mais que l'islam n'a pas encouragés en Indonésie et en Malaisie ; mais là, l'importance quantitative des Chinois a permis la constitution de *groupements villageois* qui juxtaposent un noyau commercial chinois, les

1. Ce fut d'abord une évolution *quantitative* au tournant du siècle où beaucoup de ces *chinatowns* qui rassemblaient souvent la *majorité* de la population urbaine comme à Bangkok, à Kuala Lumpur, à Manille, sont devenues peu ou prou minoritaires par le ralentissement ou le tarissement de l'immigration et simultanément par l'exode rural des nationaux.

édifices publics élémentaires (école, mosquée, police...) et les *kampongs* des riziculteurs malais (cf. carte 4) ; c'est un peu la reproduction en milieu rural de la structure de *chinatown* en quelque sorte. Si l'agriculture proprement dite est très rarement le fait de la diaspora, les *cultures spéculatives* ou en relation directe avec le milieu urbain (maraîchage) en sont souvent de brillantes spécialités dans la tradition même, d'ailleurs, des paysanneries des provinces d'origine : ce sont les villages de maraîchers de la plaine centrale de Thaïlande, des Cameron Highlands en Malaisie, de la région de Sydney, les planteurs de poivriers et de fruits tropicaux du littoral cambodgien (Kampot) et de la province thaïlandaise de Chantaburi, et plus encore les villages[1] ou l'habitat dispersé des *small holdings* (plantations de moins de 40 ha) à Kalimantan (coprah et hévéa) et surtout en Thaïlande et en Malaisie (ananas, théiers, caféiers et surtout hévéas). Ce sont aussi les villages de pêcheurs qui s'égrènent le long du littoral occidental malais, sur le littoral cambodgien, dans la mangrove de Sumatra oriental, dans l'archipel des Riau... ; milieux le plus souvent délaissés par les populations indigènes, et mis en valeur par des pionniers chinois pour des productions spéculatives comme la méduse et l'aileron de requin commercialisés à Singapour, à Hong Kong et jusqu'au Japon. De tels choix, favorisés par les traditions culturales et maritimes des provinces d'origine, ont généralement suivi les filières géodialectales, professionnelles et commerciales que nous évoquerons dans la quatrième partie.

1. Une forme très particulière est celle des « Nouveaux Villages » de Malaisie organisés après l'insurrection communiste des années 1950 (cf. chapitre suivant).

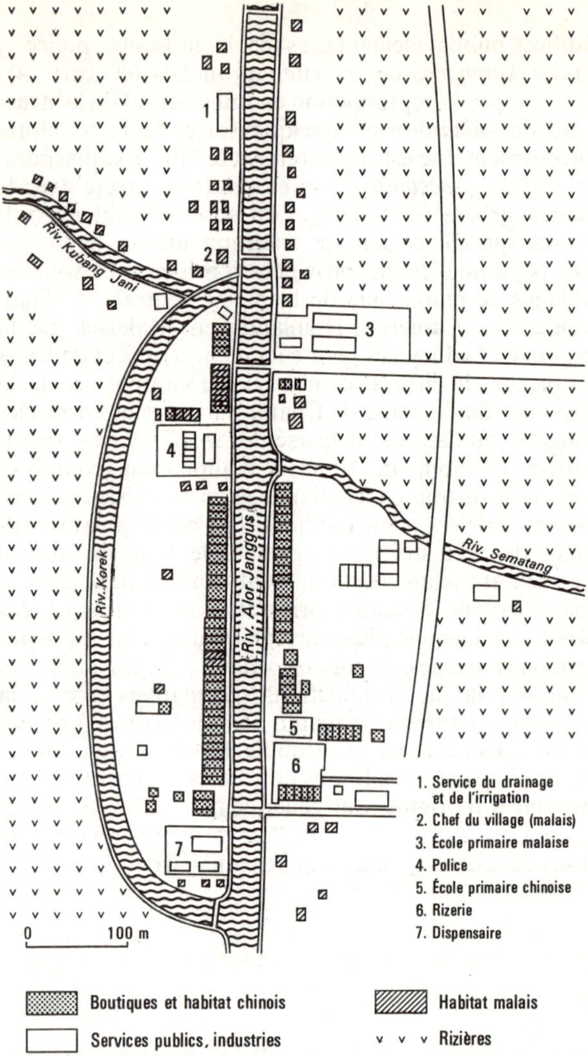

Carte 4 — Implantation en milieu rural : Kampong Padang Lalang, Etat de Kedah, Malaisie (d'après Kiyoshige Maeda, *Aler Janggus ; a Chinese Community in Malaysia,* Kyoto University, 1967, p. 30).

Chapitre II

EN ASIE DU SUD-EST

Héritière du Nanyang, l'Asie du Sud-Est rassemble encore plus de 80 % de la diaspora chinoise. Si la répartition est souvent inégale (voir tableau 3, p. 35), les circonstances historiques, les conjonctures géopolitiques et les contextes humains ont fait que d'un pays à l'autre on ne peut pas s'affirmer Chinois de la même manière. Mais partout une génération plus ou moins métissée — *baba, peranakan, mestizo, luk-jin, minh-huong* et sino-khmère — précédant les apports massifs des XIXe et XXe siècles (les *xinke* ou *sinkheh,* « les nouveaux invités ») est porteuse d'une dimension culturelle originale mais aussi d'une conscience identitaire complexe ; partout l'importance économique de la diaspora, affichée ou masquée, est considérable et parfois même décisive.

I. — Malaisie, Singapour

Elles constituaient, jusqu'à l'indépendance de l'île en 1965, la Fédération de la Grande-Malaisie où les Chinois étaient aussi nombreux (42 %) que les Malais (45 %), le reste de la population étant constitué par les aborigènes, les Indiens et les Européens. La partition fait de la République de Singapour une cité-Etat dont la population se retrouve à 76 % d'origine chinoise ; elle mérite un traitement particulier (chapitre III de la troisième partie) ; quant à la Malaisie c'est encore le tiers de sa population qui est chinoise[1], proportion qui dépasse de très loin celle observée dans toutes les autres implantations de la diaspora (sauf cas particulier de l'île Christmas). Le fait chinois est ainsi omniprésent en Malaisie mais de nature urbaine pour plus des deux tiers ; les Chinois sont majoritaires dans la plupart des villes de plus de 20 000 habitants et ils constituent 70 % de la population de Georgetown (Penang), d'Ipoh, de Malaka, tandis que la capitale elle-même, Kuala Lumpur (900 000 habitants) était encore à majorité chinoise au recensement de 1970. Du même coup les secteurs secondaire et tertiaire qui ne relèvent pas de la fonction publique sont largement chinois, tandis que les implantations rurales, plus importantes que dans l'ensemble de la diaspora, ont subi un profond remaniement : à la suite de l'insurrection communiste de 1948 dont la guérilla subsistait en s'appuyant sur le milieu rural et en particulier sur les squatters chinois que la Seconde Guerre mondiale avait répandus, les autorités ont procédé de 1950 à 1952 à un regroupement de quelque 450 000 squatters-maraîchers, petits planteurs d'hévéas, boutiquiers — et 130 000 autres ruraux — en 536 « New Villages » implantés *ex nihilo* (32 %) ou autour d'un noyau existant (24 %) selon un plan rigoureux, et à l'époque enfermés dans une enceinte de barbelés ; en Malaisie orientale (Etats de *Sarawak* et de *Sabah*) restée à l'écart de ces événements, la trame rurale est encore largement celle mise en place par les pionniers chinois (qui ont souvent pris femme Dayak) le long des cours d'eau, où petits planteurs (poivriers, caféiers...) et surtout boutiquiers sont directement au contact des peuples de la forêt, en amont, et en relation commerciale avec les négociants chinois des débouchés portuaires[2].

1. Essentiellement *hokkien* (30 %), *hakka* (25 %) et *cantonaise* (25 %).
2. Niché entre les deux Etats de Malaisie orientale, le *sultanat de Brunei* compte quelque 45 000 Chinois, soit plus de 20 % de la population ; sévèrement discriminés, ils n'en dominent pas moins tout le secteur privé non pétrolier.

Une *Nouvelle Politique économique* (NEP) lancée en 1970 par le gouvernement malaisien prévoyait pour 1990 un rééquilibrage des richesses en faveur des *Bumiputra*[1] en réduisant à moins de 40 % la part chinoise du capital des entreprises enregistrées ; fuite des capitaux, crise, récession en ont résulté, et ce sont aujourd'hui au contraire privatisations, investissements japonais, tawainais, singapouriens qui sont en passe de faire de la Malaisie un nouveau « petit Dragon », évolution qui ne fait que renforcer la puissance économique des Chinois. Ils sont d'ailleurs représentés au sein d'un gouvernement de coalition inter-ethnique par la *Malaysian Chinese Association,* mais aussi dans l'opposition par le très dynamique *Democratic Action Party.*

II. — **Indonésie**

Bien que huit fois moins nombreux qu'en Malaisie[2], en valeur relative, les Chinois sont en Indonésie dans une situation très comparable à bien des égards : une société *peranakan* de culture mixte qui a tous les caractères de la société *baba* de Malaisie, et qui forme 60 à 70 % du fait chinois indonésien dont le reste est distingué par l'appellation *totok* (littéralement « de sang pur ») qui correspond à *xinke* en Malaisie et à Singapour ; une insertion dans un monde islamique qui a accentué le clivage entre *Tjina* et *Pribumi*[3] ; une répression anticommuniste consécutive à la tentative de coup d'Etat de 1965 qui est aussi une violente et très san-

1. Que l'on traduit généralement par « fils du sol », c'est-à-dire *Malais ethnique,* par opposition à *Chinois ethnique.* Outre que « fils du sol » *stricto sensu,* c'est-à-dire *aborigène* est rendu normalement par le terme *« Orang Asli »,* un Chinois *baba* issu de plusieurs générations nées en Malaisie n'est pas *Bumiputra,* tandis qu'un Malais ethnique qui n'est pas né en Malaisie est bien *Bumiputra.*

2. Mais parfois du même ordre, *localement* : 20% à Kalimantan, 25% à Billiton, 30% à Bangka, par exemple.

3. *Tjina* est un terme péjoratif pour désigner les Chinois à la place de *Tionghoa*; *Pribumi* est l'équivalent du malais *Bumiputra.*

glante campagne antichinoise, avec notamment fermeture des écoles, interdiction des inscriptions en sinogrammes, exclusion du milieu rural... ; cependant, comme en Malaisie, le rôle économique des Chinois reste considérable et multiforme, et en particulier dans le secteur industriel et commercial, à la faveur du partenariat dit « Ali-Baba » associant des Indonésiens à leurs entreprises. Ce pouvoir a été renforcé sous le régime de Suharto dont la famille coiffe elle-même un empire industriel et commercial lié aux milieux chinois, en particulier au *groupe Liem Siuliong (Liem Sioe Liong ou Soedono Salim en indonésien).*

Liem Siuliong est un hokkien, arrivé chez son oncle à Java en 1938, dans la région où on fabrique les fameuses cigarettes *kretek* (parfumées au clou de girofle). Pendant la période troublée de l'après-guerre il parvient à approvisionner les usines en clous de girofle à partir des Célèbes puis, grâce aux réseaux chinois d'outremer, de Madagascar et de Zanzibar ; cette base économique est confortée par ses liens avec Suharto (noués pendant la lutte antinéerlandaise) qui, une fois au pouvoir, permet au groupe Salim, qui comprend le frère de lait du Président, de prendre des participations dans tous les secteurs de l'économie indonésienne ; en outre, le quart du chiffre d'affaires provient de l'étranger — Hong Kong, Singapour[1], Pays-Bas, Etats-Unis. Le groupe occupe 135 000 personnes en Indonésie et son chiffre d'affaires représente quelque 5 % du PIB du pays (plus de 8 milliards de dollars américains).

La présence chinoise est concentrée sur le littoral septentrional de Java, en particulier dans les agglomérations urbaines — notamment Jakarta (qui fut Batavia), Semarang, Surabaya — mais où, contrairement aux autres villes d'Asie du Sud-Est, aucun « marquage visuel » — interdit depuis 1966 — ne permet de distinguer aisément un phénomène de type *chinatown.* Ailleurs les implantations sont plus diversifiées : outre des implantations commerciales urbaines acculturées,

1. C'est notamment l'énorme projet de développement en cours du « triangle de croissance » constitué par Singapour et les îles voisines de Batam et Bintam, îles indonésiennes.

comme à Padang, ce sont les communautés de mineurs et les *smallholders* (hévéa) de Bangka et de Kalimantan, et de très nombreuses implantations de pêcheurs sur la côte orientale de Sumatra... La composition de la diaspora en Indonésie est caractérisée par sa dominante *Hokkien* (50 %), tandis que Cantonais et Hakka en constituent le reste à part à peu près égale. La reprise en 1990 des relations diplomatiques avec la République populaire de Chine — elles avaient été suspendues en 1967 — et le déploiement de l'activité économique de Taiwan en Asie du Sud-Est sont de nature à assurer encore de beaux jours à la communauté d'origine chinoise en Indonésie qui a déjà investi quelque 800 millions de dollars depuis 1991 dans sa province d'origine, le Fujian.

III. — **Philippines**

Comme en Indonésie, le fait chinois aux Philippines a une très longue histoire, et dès la dynastie Ming une forte communauté était établie à Parian (Manille) et à Luçon. Présente aujourd'hui dans les différentes îles de l'archipel, elle est néanmoins très fortement concentrée, à plus de 60 %, dans le Grand-Manille. Comme en Indonésie cette communauté est essentiellement *Hokkien* (70 à 80 %), elle est d'une faible importance numérique relative et d'un poids économique considérable. Mais, à la différence de l'Indonésie et de la Malaisie, c'est dans une société qui fut largement christianisée par les Espagnols que se sont insérés les immigrés chinois ; ils ont alors fini par constituer un peuplement relativement métissé — les *mestizos* sino-philippins — d'où sont issus la plupart des magnats qui contrôlent l'essentiel de l'économie du pays. Traditionnellement bien implantés dans le commerce de détail, le secteur industriel et les banques, les Sino-Philippins ont développé de grands groupes qui contrôlent désormais l'industrie du tabac, les industries alimentaires, l'industrie pharmaceutique, les industries textiles, entre autres ; leur place dans le secteur bancaire (12 des 26 banques commerciales du pays), dans la sphère des assurances (conglomérat sino-malayo-philippin) et même dans le domaine des *media* où ils contrôlent six des dix quotidiens (en langue anglaise) de Manille est également fort importante. La puissance et la prospérité des Chinois aux Philippines a été favorisée tant par les rapports ininterrompus avec Taiwan que par une intégration — accélérée par la libéralisation des naturalisations en 1975 — qui fait que, par exemple, Mme Corazon Aquino est elle-même d'ascendance chinoise et n'en fait pas mystère, tandis qu'un de ses amis très proches, M. Domingo Lee, préside la très puissante Fédération des chambres de commerce et d'industrie philippino-chinoise.

IV. — **Thaïlande, Cambodge, Laos, Birmanie**

Ces quatre Etats de la péninsule indochinoise ont en commun le *bouddhisme* qui a réservé aux immigrants chinois un accueil d'une extrême tolérance, dans des conditions historiques et numériques pourtant différentes d'un pays à l'autre, tolérance traduite, notamment, par le développement de communautés sino-thaï, sino-cambodgienne et sino-lao. Par ailleurs, ce ne sont plus les *Hokkien* et les *Cantonais* qui dominent ce fait chinois, mais les *Teochiu* et les *Hainanais*, pour les raisons historiques déjà évoquées.

1. **En Thaïlande,** c'est d'abord une importance numérique relative (> 10 %) que seuls Singapour, la Malaisie et Brunei surclassent, et c'est aussi une très large intégration qui se manifeste notamment par une nombreuse et souvent très puissante couche sino-thai dont les jeunes descendants ne connaissent même plus la langue chinoise. Exception faite des *Haw,*

musulmans venus du Yunnan puis de Birmanie et agriculteurs dans la région de Chiengmai, et des *Hakka* (15 %) descendants des mineurs d'or et d'étain dans l'isthme de Kra (15 %), les Chinois *Teochiu* et *Hainanais* sont implantés pour l'essentiel à Bangkok-Thonburi et sur les axes de la plaine centrale. Comme aux Philippines, la puissance chinoise et sino-thaï s'étend à toutes les branches d'activité, sauf l'agriculture de subsistance, et si aux Philippines elle bénéficie des liens avec Taiwan, elle est confortée en Thaïlande par l'alliance géopolitique avec la Chine populaire ; elle est activée, comme en Malaisie, par les multiples créations en *joint ventures* pour lesquelles les capitaux de la diaspora jouent un grand rôle, et qui sont en passe de faire de la Thaïlande un « nouveau pays industrialisé », le cinquième ou le sixième « petit Dragon ». C'est le *commerce du riz* qui est souvent à l'origine de la fortune des Teochiu, pour les conduire aussi bien à la tête du secteur bancaire qu'à la tête d'un véritable empire agro-alimentaire.

2. **Au Cambodge,** la présence chinoise est attestée, on l'a vu, dès le XIIIe siècle mais l'immigration et la puissance économique des Chinois datent surtout de l'établissement du Protectorat français en 1863. De 1874 à 1950 cette population passe de 100 000 à 218 000 personnes, tandis que quelque 300 000 autres ont été peut-être assimilés. Là encore les Chinois sont omniprésents dans tout le secteur commercial — y compris dans les boutiques rurales — le secteur des transports, les transactions financières, l'immobilier. Ce peuplement était concentré pour les deux tiers à Phnom Penh et constitué à 70 % de *Teochiu,* à 15 % de *Cantonais* et à 8-10 % de *Hainanais.* Mais contrairement aux autres fragments de la diaspora en Asie du Sud-Est, les Chinois du Cambodge n'ont pratiquement pas investi dans le secteur secondaire, apparaissant

ainsi aux yeux des Khmer plus comme des « profiteurs » que comme des acteurs du développement ; c'est pourtant dans ce pays que les Chinois ont été, depuis toujours, le moins mal accueillis... si l'on excepte bien sûr l'effroyable épisode « khmer rouge »[1], mais qui n'a pas beaucoup plus massacré les Chinois que les Khmer eux-mêmes : ce fut un premier exode en 1972-1975 pour les plus fortunés, vers Hong Kong, Taiwan, Paris, San Francisco ou New York, et un second en 1979, quand les Vietnamiens ont occupé le pays. Depuis les accords de Paris en 1991 puis l'arrivée au Cambodge des personnels de l'ONU et des dollars qui les accompagnent, on assiste à un retour très empressé de nombreux hommes d'affaires Teochiu pour participer, entre autres, au « boom » immobilier de Phnom Penh.

3. **Au Laos,** il s'agit de faibles effectifs[2] qui sont arrivés essentiellement *via* la Thaïlande et le Vietnam, puis réfugiés du Yunnan en 1949. La majorité est là aussi *Teochiu* (70 %), le reste étant composé de Yunnanais et de Hainanais. Comme au Cambodge, il s'agit essentiellement de commerçants — à Vientiane, à Luang Prabang et dans le Sud-Laos — commerce de détail en symbiose avec la société Lao, mais aussi commerce de gros à Vientiane en rapport avec les Teochiu de Thaïlande.

4. **En Birmanie,** comme en Thaïlande et comme au Vietnam, la pénétration chinoise s'est effectuée tant par voie terrestre que par voie maritime ; route commerciale entre la Chine et l'Inde *via* le Yunnan dès la dynastie Han, refuge pour les armées défaites à la fin

1. Khmer rouges dont il ne faut pas oublier qu'ils ont été armés idéologiquement et militairement par d'autres *Chinois* au pouvoir à Pékin.
2. Environ 100 000 à Vientiane en 1976 ; il en resterait en 1983 quelque 30 000 pour l'ensemble du pays.

des Ming, prospections minières sous les Qing, refuge à nouveau pour les unités des armées nationalistes chinoises[1] défaites par les armées rouges en 1949-1950. C'est cependant la voie maritime qui a acheminé le plus gros des effectifs (à majorité *Hokkien*), marchands temporaires aux époques Song et Ming, puis à plus long terme ou fixés à partir des Qing. Comme ailleurs la migration de masse est déclenchée au XIXe siècle, mais rencontre ici la concurrence indienne, avec l'incorporation par les Britanniques de la Birmanie à l'empire des Indes en 1886.

Pays verrouillé depuis plus de quarante ans, la Birmanie reste un des meilleurs alliés de la République populaire de Chine, ce qui semble garantir à la communauté chinoise un traitement moins déplorable que celui que est infligé au peuple birman lui-même.

V. — **Vietnam**

La diaspora chinoise se trouve dans une situation exceptionnelle, au sein d'un pays appartenant lui-même au Monde sinisé[2] pour avoir subi pendant plus d'un millénaire (IIIe siècle av. J.-C. - Xe siècle apr. J.-C.) l'occupation chinoise : confucianisme, écriture idéographique[3], techniques d'organisation de l'espace, mode d'habitat... l'apport chinois à la civilisation vietnamienne est

1. Rescapées des VIIIe et XXVIe armées du Guomindang dont les généraux vont contrôler tout le commerce de l'opium dans la partie birmane du Triangle d'Or jusqu'en 1961, puis en Thaïlande jusqu'à nos jours. Le trafic de l'opium est aussi le fait d'anciens *gardes rouges* demeurés en Birmanie du Nord après y avoir été dépêchés par Pékin pour participer à la guérilla.

2. Léon Vandermeersch, *Le nouveau Monde sinisé,* Paris, PUF, 1986. Monde qui comprend le Japon, la Corée, mais qui sont dotés d'une minuscule communauté chinoise, et Singapour qui constitue un autre cas, très différent comme nous verrons. La République populaire de Chine, Taiwan, Hong Kong et Macao constituent le « Monde chinois ».

3. La romanisation de l'écriture vietnamienne ne date que du XVIIe siècle, œuvre d'Alexandre de Rhodes.

essentiel, comme sont essentiels le nationalisme viscéral et l'esprit de résistance, et récurrent le contentieux avec la Chine. Les Chinois au Vietnam se trouvent par conséquent face à la très vigoureuse *ambivalence* de ce pays tout à la fois sinisé et sinophobe ou à tout le moins extrêmement sourcilleux, et ils ont naturellement fait les frais du conflit sino-vietnamien de 1977-1979 qui a provoqué l'exode de quelque 250 000 *Hoa* du nord du Vietnam vers la Chine[1]. Peu avant, la chute de Saigon (30 avril 1975) n'avait provoqué l'exode que de quelques milliers de Chinois, particulièrement compromis avec l'ancien régime, parmi les 160 000 Vietnamiens évacués en catastrophe par les Américains. Il reste que Cholon est encore une ville de peuplement essentiellement *Hoa* (majoritairement *Cantonais* et *Teochiu*) dont la structure et les activités ont été remarquablement étudiées par Tsai Maw-kuey[2] pour la période antérieure. Depuis 1990 la situation évolue un peu plus favorablement avec la « normalisation » des relations sino-vietnamiennes et l'effort d'ouverture et de développement du Vietnam. Les *Hoa* contrôlent à nouveau les deux tiers de la petite industrie et le tiers du secteur commercial de Cholon (respectivement 80 % et 90 % avant 1975), ils sont à nouveau admis au Parti et à l'Université, et ils sont surtout des intermédiaires privilégiés pour les investissements de Taiwan, de Hong Kong et de Singapour qui commencent à affluer et qui ont grand besoin d'un pilotage à travers l'épais maquis bureaucratique de ce pays.

1. Tandis que 135 000 *boat people* gagnèrent Hong Kong, Macao, les Philippines... Au total ce sont environ 55 % des *Hoa* du Nord-Vietnam qui sont partis en catastrophe. Hanoi compterait aujourd'hui 10 000 *Hoa* (plus ou moins assimilés), tandis qu'Hô Chi Minh-ville en compte environ 400 000.

2. *Les Chinois au Sud-Vietnam,* CTSH, Paris, Bibliothèque nationale, 1968.

Chapitre III

DANS LES PAYS NEUFS

Les années 1840-1860 sont celles de l'ouverture des ports chinois par les soins des canonnières britanniques et françaises (guerres de l'opium), ce sont également celles des *ruées vers l'or* dans les « Pays neufs » — 1849 en Californie, 1851-1890 en Australie, 1858 au Canada — conjonction qui, les désordres et la misère en Chine aidant, va donner à la diaspora une nouvelle direction et une nouvelle dimension. Répandue à partir des bateaux débarquant à Canton, la fièvre de l'or a gagné essentiellement les districts environnants du nord et du sud-ouest du delta — les *Quatre Districts*[1] *(Si Yi* ou *Sze Yap)* et les *Trois Districts*[2] *(San Yi* ou *Sam Yap),* à tel point que les *Cantonais* ont très longtemps constitué quelque 90 % de la diaspora chinoise des « Pays neufs ».

Si les ruées vers l'or ont été en Australie un facteur décisif du peuplement et du même coup de l'implantation de la communauté chinoise, le fait essentiel en Amérique du Nord est la conquête de l'Ouest avec la construction des chemins de fer transcontinentaux dont la main-d'œuvre chinoise ira jusqu'à constituer 80 % des effectifs. Viendra le temps de la floraison des

1. Xinwei *(Sun Wei),* Kaiping *(Hoi Ping),* Enping *(Yan P'ing)* et surtout Taishan *(Toi-Shan),* le plus déshérité, dont la population devait vivre une grande partie de l'année de colportage et d'aléatoires embauches à tâche vers Canton et Hong Kong, et qui va fournir 60 % de la première vague vers l'or.

2. Nanhai *(Nam Hoi),* Panyun *(Pun Yui),* Shunde *(Shun Tak).*

chinatowns, des reconversions — blanchisseries, ateliers de couture, restaurants... —, puis des diverses mesures antichinoises, mais aussi d'une intégration par le haut d'une brillante couche de scientifiques et d'intellectuels. Les fractures géopolitiques qui suivent la Seconde Guerre mondiale, et plus tard la nouvelle conjoncture du Monde chinois (l'ouverture de la Chine mais aussi la question de Hong Kong) font de ces anciens « Pays neufs » la nouvelle destination privilégiée de la diaspora.

I. — Les Etats-Unis

Après le tarissement consécutif au *Chinese Exclusion Act* de 1882, entrées clandestines mises à part, c'est une immigration essentiellement féminine qui est autorisée à partir de 1943 — épouses de combattants notamment — et la reprise en 1965 (loi Hart-Cellar) autorise un quota de 20 000 immigrants par pays, en l'occurrence Hong Kong et Taiwan, augmenté d'un même contingent pour la Chine populaire à partir de 1979 comme suite à la normalisation des relations sino-américaines. Ainsi la population chinoise aux Etats-Unis est passée de 106 000 en 1880 à 62 000 en 1920 (dont 7 % de femmes), puis à 118 000 en 1950 (un tiers de femmes), à 435 000 en 1970 (environ 50 % de femmes), 806 000 en 1980 et 1 800 000 au début des années 1990. Accélération remarquable, conforme à la nouvelle donne géopolitique et économique du bassin Asie-Pacifique, mais aussi diversification de la diaspora qui n'est plus à majorité originaire de Taishan, mais de plus en plus de Hong Kong, de Taiwan[1] et du Continent. Cette nouvelle immigration est parfois qualifiée de « nouvelle ruée vers

1. Ils sont quelque 500 000 qui se caractérisent pour la plupart par une intégration par le haut : business mais aussi professions libérales, scientifiques, artistiques ; Miss USA 1984 n'est-elle pas d'origine taiwanaise, tout comme le prix Nobel 1987 de sciences !

l'or », une ruée qui n'est plus celle de misérables mineurs, mais de banquiers et d'entrepreneurs accompagnés de capitaux qui, de 1974 à 1988, sont évalués à plus de 3 milliards de dollars — pour ceux en provenance de Hong Kong seulement, et qui ont pu être identifiés. Ces investissements vont pour plus du tiers dans le secteur bancaire, pour plus du quart dans l'immobilier et pour quelque 20 % dans l'hôtellerie ; les Etats de New York, de Californie et du Texas en ont accueilli plus de 90 %, en corrélation dans l'ensemble avec la présence des *chinatowns* héritées[1].

Ces *chinatowns* des Etats-Unis sont en pleine mutation[2] ; elles gardent tous les caractères classiques que nous avons vus, et en particulier celui d'accueillir et d'entasser les nouveaux immigrants les plus démunis, mais diversifient rapidement leurs activités économiques et, surtout, se déversent en milieu suburbain : ainsi sur les 320 000 Chinois de la région de New York, 60 % sont aujourd'hui en implantations suburbaines bien que la *chinatown* de New York qui était limitée à Manhattan, entre Canal Street, Bowery Road et Lafayette Street, absorbe désormais le fameux quartier de la « Petite Italie », au nord, et progresse vers Chambers Street au sud et jusqu'aux abords de Broadway à l'ouest. Quant à la *chinatown* historique de San Francisco, elle est investie par une vingtaine de banques chinoises et de nombreuses caisses d'épargne, tandis que son noyau primitif de Locke, à l'est de la Baie, a été acheté par le financier Wu Tou Tai (Hong Kong) pour en faire un produit touristique. C'est toutefois à Los Angeles que s'exprime le mieux la « nouvelle ruée vers l'or », Los Angeles dont la *chinatown* ne comptait que 4 000 personnes en 1970 et quelque 8 000 en 1990, tandis que Los Angeles *City* en compte alors 67 000 et Los Angeles *County* 245 000. La suburbanisation de la nouvelle immigration est très remarquable à Monterey Park[3], à l'est de l'agglomération, qui compte 60 000 habitants dont 37 % de Chinois ; le noyau est taiwanais

1. J.-C.-C. Lin, Flux de main-d'œuvre et de capitaux chinois vers les Etats-Unis, *Revue européenne des migrations internationales,* vol. 8, n° 3, 1992, p. 73-90.

2. Mais restent, à New York comme à Vancouver et comme à Sydney, le repaire des Triades et autres sociétés du crime et de la drogue.

3. R. Waldinger, Yenfen Tseng, Divergent Diasporas : The Chinese Communities in New York and Los Angeles Compared, *Revue européenne des migrations internationales,* vol. 8, n° 3, 1992, p. 91-116.

(professions libérales), puis viennent promoteurs et maisons de courtage de Hong Kong ; c'est le « Petit Taipei » ou « Chinese Beverly Hill », dont la *lingua franca* n'est pas le cantonais comme dans la plupart des autres implantations, mais le *mandarin*.

Cette nouvelle immigration aux Etats-Unis, non seulement chinoise, mais aussi coréenne et vietnamienne — c'est-à-dire du *Monde sinisé* — apparaît comme une véritable *success story* surtout si on la compare à celle des hispanophones et à la condition faite aux Noirs des ghettos ; c'est l'aspect bien visible qui ne doit pas cependant faire oublier l'autre face, qui est celle de la vague encore plus récente, intarissable, venue du Continent sans qualification ni relations efficaces, et qui comme jadis est absorbée par les vieilles *chinatowns* ; c'est alors l'exploitation féroce dans les restaurants, ateliers de couture et autres, la dépendance extrême souvent sous la coupe des Triades et autres gangs.

II. — **Canada**

Le fait chinois s'y inscrit, historiquement, dans le prolongement de celui des Etats-Unis, et de nos jours parallèlement à l'évolution que l'on vient d'évoquer. En 1858, des prospecteurs chinois se ruent vers l'or découvert en Colombie britannique et fondent à Victoria où ils débarquent la première *chinatown* du Canada ; à partir de 1880, le recrutement s'étend aux districts du pays cantonais pour la construction du Canadian Pacific Railway mais sera limité par la récession de 1888 ; la population chinoise du Canada passe de 4 400 en 1881 à 46 500 en 1931 et à 32 500 en 1951 (le *sex ratio* sera équilibré en 1956) ; comme aux Etats-Unis mais quatre ans plus tard, en 1947, l'*Exclusion Act* sera aboli, et jusqu'en 1967 près de 40 000 Chinois vont entrer, en provenance de Hong Kong à 66 % et, fait nouveau, de Taiwan à 22 %. Une large ouverture intervient en 1967 en fonction de la conjoncture économique et démographique du Canada, et comme aux Etats-Unis commence une nouvelle immigration : entre 1972 et 1978 arrivent quelque 78 000 Chinois dont 85 % en provenance de Hong Kong, 9 % de Taiwan et 6 % officiellement de Chine populaire[1]. Le relâchement des contrôles sur l'émigration en Chine à partir de 1978 — début du règne de Deng Xiaoping — va multiplier par quatre ou cinq les entrées annuelles en provenance de la République populaire, et l'accord sino-britannique de 1984 sur la rétrocession de Hong Kong à la Chine en 1997 provoque, comme aux Etats-Unis, un afflux de *« yacht people »* et de capitaux — 23 000 personnes pour la seule année 1987 par exemple[2]. Ainsi la diaspora chinoise au Canada passe-t-elle de 58 200 en 1961 à 118 815 en 1971, 289 250 en 1981, 414 000 en 1986... dont 143 000 à Toronto, 109 000 à Vancouver, 26 000 à Calgary, 24 600 à Edmonton, 24 200 à Montréal[3] ; dans ces agglomérations, la population chinoise s'est accrue de 40 à 60 % entre 1981 et 1986 mais, comme aux Etats-Unis, avec une domiciliation des migrants venus de Chine populaire dans les anciennes *chinatowns,* tandis que tous les autres développent des implantations suburbaines. Tandis que les vieilles *chinatowns* de Victoria, Vancouver, Montréal sont plutôt celles des *« Chi-eppies »* ou *Chinese elderly poor people* (Chinois pauvres et âgés) et des *« Chi-lippies »* ou *Chinese low-income people* (Chinois à faible revenu), la suburbanisation, à Toronto et à Vancouver notamment, est le fait des

1. Statistiques de l'immigration du Canada, reprises *in* D. C. Lai, *Chinatowns, Towns within Cities in Canada,* Vancouver, 1988.

2. Les Chinois de Hong Kong arrivent désormais en tête des immigrants au Canada; ils seront, estime-t-on, plus de 200 000 à la fin des années 1990.

3. La province de Québec en compte 27 000, à 60% réfugiés du Vietnam et du Cambodge, cas très particulier au Canada à mettre en rapport avec l'immigration en France (chap. V) et la francophonie.

investisseurs et autres *« yacht people »* de Hong Kong, et destinée aux *« Chi-yuppies »* et à la spéculation foncière et immobilière[1].

III. — Australie

Après les ruées vers l'or successives en Nouvelles-Galles du Sud, à Victoria, au Queensland, de 1851 aux années 1870, il y aura environ 50 000 Chinois en Australie vers la fin du siècle ; en 1901, intervient l'*Immigration Restriction Act* qui va fermer l'Australie à l'immigration asiatique (quelque parentèle mise à part) pendant plus de soixante ans : c'est le temps de l' *« Australie blanche » (White Australia)* et l'effectif chinois n'est plus que de 33 000 en 1969. La conjoncture économique et géopolitique des années 1970 remet tout en cause et ouvre au contraire l'Australie sur ses voisins asiatiques ; c'est, en effet, le temps de l'ouverture de la Chine elle-même (rencontre Nixon-Mao de 1972) et celui de l'émergence des « quatre petits Dragons » que sont Taiwan, Singapour, Hong Kong et la Corée du Sud. De 1966 à 1981, 36 000 immigrants de Hong Kong (non recensés comme Chinois), 6 000 de Singapour et 4 700 de Chine populaire arrivent en Australie, effectifs qui vont gonfler rapidement pour dépasser 40 000 en 1988-1989 (en provenance de l'ensemble de la diaspora d'Asie du Sud-Est et du Continent)[2], tandis qu'au lendemain des « événements de Tian'anmen », entre juin 1989 et mai 1990 les seuls effectifs en provenance de Hong Kong atteignent 44 749. Ainsi, comme aux Etats-Unis

1. Ce sont ces *flippers* auxquels les Canadiens doivent une hausse vertigineuse (jusqu'à 100 %) du foncier et de l'immobilier à Toronto et à Vancouver; en trois ans (1986-1988) ces deux agglomérations ont reçu plus de 5 milliards de dollars US, essentiellement de la diaspora chinoise.

2. En 1976, on ne recensait que 165 Chinois en provenance de l'Indochine; en 1981, ils forment le tiers de l'effectif total qui atteint environ 90 000.

et au Canada, les vieilles *chinatowns* — Sydney, Melbourne, Darwin... — ont retrouvé leur fonction d'accueil des nouveaux migrants les moins bien dotés, tout en se transformant en centres touristiques et bases de spéculation par les soins des promoteurs venus de Hong Kong ; l'exemple de la *chinatown* de Sydney est spectaculaire à cet égard. Comme aux Etats-Unis, une partie de cette diaspora, dite ABC *(Australian born Chinese)*, est très largement intégrée par le haut — professions libérales, cadres —, anglophone, et parfois en mariage mixte ; les ABC habitent les villas chics des banlieues et sont parfois propriétaires de quelques hectares de terres maraîchères travaillées par des « cousins » venus du pays cantonais, qui ont souvent supplanté les anciens maraîchers italiens. Cette intégration se traduit aussi par l'évolution des « associations » si spécifiques à la diaspora chinoise, qui, comme à Sydney où il en existe une quarantaine, sont pour la plupart devenues l'équivalent des *clubs* anglo-saxons mais aussi des associations religieuses *chrétiennes.* Un des emblèmes de cette intégration, ou voulu comme tel, est l'élection en 1966 d'un Chinois, M. Harry Chan, à la mairie de Darwin, la capitale du Northern Territory née d'une *chinatown.*

Chapitre IV

D'ÎLE EN ÎLE

L'abolition de l'esclavage et la fin de la traite des Noirs après 1850 provoquent une importation massive de coolies chinois dans les « îles à sucre » du Pacifique, des Caraïbes et de l'océan Indien, puis par ricochet dans la plupart des milieux insulaires des trois Océans. C'est une poussière d'implantations qui répartit, très inégalement, plus de 200 000 personnes entre plus de 20 Etats et territoires insulaires (Australie et Nouvelle-Zélande exclues) ; les îles du Pacifique en totalisent environ 50 %.

I. — Dans le Pacifique

L'essentiel du peuplement se situe aux îles Hawaï (environ 50 000), à Tahiti (plus de 20 000), aux îles Fidji (5 000) et en Papouasie-Nouvelle-Guinée (environ 5 000) dont le premier ministre de 1980 à 1982, Sir Julius Chan, est d'origine chinoise.

1. **Aux îles Hawaï**[1] les coolies recrutés pour les plantations de canne à sucre débarquent dès 1851 et la population chinoise atteindra plus de 18 000 individus en 1884, constituant 23 % de la population totale ; après l'annexion, les lois américaines bloquent l'immi-

1. Annexées aux Etats-Unis en 1898 pour devenir le 12 mars 1959 le cinquantième Etat de l'Union.

gration et en 1900 les Chinois ne forment plus que 16 % de la population. Mais ils vont prospérer dans différentes directions : dans la riziculture d'abord (fait rare pour la diaspora), puis dans les services et le commerce de détail[1] et enfin dans les professions libérales, la banque et les affaires. Les Chinois d'Hawaï, tout en conservant une originalité bien individualisée au sein de la société multiraciale de l'archipel, semblent avoir très remarquablement réussi une intégration qui les a hissés au sommet de la hiérarchie sociale de cet Etat américain. C'est si vrai que malgré une concentration extrême à Honolulu (environ 80 %), la *chinatown* a très largement essaimé depuis les années 1960, en particulier vers les quartiers les plus riches comme celui de Makiki Heights, district caractérisé à la fois par le plus fort pourcentage de Chinois (> 45 %) et par les revenus les plus élevés de l'île.

2. **A Tahiti** également, les Chinois *(Tinito)* souvent d'origine *Hakka* se sont plutôt bien intégrés — d'abord par concubinage avec les Tahitiennes, et « les plus jolies vahinés en sont issues » (A. Guilcher) qui parlent généralement un jargon sino-franco-tahitien, que les *Popa'a* (Européens) à leur tour épousent de préférence — et ensuite grâce à la naturalisation que leur accorda la France en 1964. Ils monopolisent le maraîchage qui alimente Papeete, le petit commerce partout, et la plus grande partie du commerce de la vanille et de la nacre qui constituent une part essentielle des exportations de la Polynésie. La Mercédès est un des symboles de la réussite de ces descendants de coolies désormais plus ou moins intégrés à la bourgeoisie de Papeete, et dont les enfants fréquentent les universités de la métropole.

1. Concentré aujourd'hui à Honolulu mais laissé aux Japonais (30 % de la population) dans les petites villes et en milieu rural.

II. — Dans l'océan Indien

1. **L'île Maurice** porte environ la moitié des effectifs chinois — quelque 35 000 — et fut, par sa position sur la route maritime entre Canton et Lorient, la première à accueillir des marchands de l'Empire du Milieu au début du XVIIIe siècle. « Ile à sucre » à partir de 1795, l'esclavage y est aboli dès 1835, et suivi alors par la traite des coolies recrutés à Singapour et qui seront plus de 3 500 en 1881 ; ils atteindront 6 745 (dont 152 femmes) en 1921, mais seront commerçants pour plus de la moitié d'entre eux, dont beaucoup avaient pris femme ou concubine créole[1]. Avec l'indépendance de l'île en 1968, bon nombre se sont installés en Grande-Bretagne et au Canada, craignant une domination politique indienne (58 % de la population), tandis que les autres s'efforcent de conserver leur cohésion, de maintenir une identité au sein d'une société mauricienne dominée par le fait ethnique. C'est à Maurice que s'est tenue en 1992 la Conférence mondiale des Chinois d'outre-mer, avec la participation du directeur des Affaires des Chinois d'outre-mer au Conseil des Affaires d'Etat de la République populaire de Chine.

2. **A la Réunion** si proche, c'est au contraire un très remarquable phénomène d'intégration de ces « Français d'origine chinoise nés à la Réunion », qui ont même un député. Les origines historiques sont identiques, à partir de 1844, mais avec des coolies recrutés directement au Fujian ; ils seront relayés par des « travailleurs libres d'engagement » originaires du Guangdong, *Cantonais* du delta *(Shunde)* et aussi *Hakka* de *Meixian* qui s'affronteront quelque temps dans l'île. Dès le début du XXe siècle les Chinois exercent un quasi-monopole sur le commerce de détail alimentaire et ils contrôlent au-

1. Comme en Asie du Sud-Est, les années suivantes sont celles de l'immigration des femmes chinoises qui seront plus de 4000 pour 6 800 hommes en 1944.

jourd'hui au moins 30 % du commerce de gros et près de 40 % de l'import-export (des *Hakkas* surtout). L'intégration est accomplie à tel point que les jeunes Réunionnais qui font leurs études supérieures en métropole sont, pour plus de 50 %, des Réunionnais d'origine chinoise — quand les Chinois ne constituent que 25 % de la population de l'île (15 000 sur 615 000) — et que certains d'entre eux y viennent pour apprendre... la langue et la civilisation chinoises.

III. — Dans les Caraïbes

La diaspora se réduit à moins de 50 000 personnes dont plus de la moitié sont à la Jamaïque (20 000) et à Cuba (7 000). Comme ailleurs c'est d'abord la traite des coolies, particulièrement active vers Cuba, puis la conversion dans les secteurs commercial et industriel : blanchisseries, restaurants, épiceries à Cuba ; commerce de détail et de gros, usines de palmistes à la Jamaïque qui fut par ailleurs la très rare, voire la seule destination d'Amérique latine où l'immigration féminine chinoise fut permise. L'instauration du régime castriste à Cuba et l'aggravation de la conjoncture politique et économique au cours des années 1960 à la Jamaïque vont déclencher un flux vers la *Floride,* qui aboutit dans le district sud-ouest de Miami et dans la ville d'Hialeah où commerce de détail et de gros, restaurants et entreprises industrielles vont très vite prospérer, en liaison avec les organisations commerciales des Chinois de New York et même de Vancouver et de Toronto.

Dans le reste de l'*Amérique latine,* ce sont également des survivances de la traite mais aussi des grands chantiers comme le creusement du canal de Panama (1903-1914), la meurtrière exploitation du guano au *Pérou,* le travail dans les *haciendas* rizicoles de la côte et la construction du chemin de fer des Andes (à 4 000 m) ; la communauté chinoise du Pérou compte quelque 50 000 personnes, à plus de 50 % à Lima. La Chine vient de reprendre pied dans ce pays en y rachetant la riche mine de fer *Hierro Peru,* à 480 km au sud de Lima ; une telle implantation serait conçue comme une future tête de pont vers le marché sud-américain.

Chapitre V

EN EUROPE

La nouvelle conjoncture qui prévaut dans le Monde chinois depuis 1978-1979 — ouverture de la Chine populaire, accord sino-britannique sur la rétrocession de Hong Kong, incertitudes sur le devenir de Taiwan — font des pays d'Europe occidentale, comme des « Pays neufs », la destination privilégiée de la nouvelle émigration chinoise. Pour l'heure la *Grande-Bretagne* et la *France* totalisent environ les deux tiers des effectifs chinois en Europe (quelque 600 000 au total), les *Pays-Bas* constituant la troisième implantation (60 000) que suivent l'*Allemagne* (20 000) et la *Suède* (5 000).

Mais la rétrocession de Hong Kong en 1997, puis de Macao en 1999 seront de nature à modifier cette répartition, le Royaume-Uni ayant décidé d'accepter 200 000 Chinois de la Colonie, tandis qu'à Macao 100 000 Chinois de nationalité portugaise sont susceptibles de migrer, sans préjudice de flux divers.

I. — Grande-Bretagne

C'est à Liverpool vers 1885 que s'implante, semble-t-il, la première communauté chinoise en Europe, constituée d'anciens marins recrutés à Hong Kong et enrôlés dans la Navy. Au tournant du siècle un autre quartier chinois s'organise à Londres, mais il quittera Limehouse et Pennyfield après les bombardements de la Seconde Guerre mondiale pour Gerrard Street à Soho. Avec les années 1950 l'immigration chinoise prend une nouvelle dimension qui procède de l'afflux de *Cantonais* et de *Hakka* des « Nouveaux Territoires » (la partie continentale de Hong Kong, où déferlent alors les réfugiés de la Chine populaire naissante), et des flux en provenance de Malaisie et de Singapour, ces colonies britanniques qui accèdent à l'indépendance. Il y aura quelque 100 000 Chinois en 1971, année du « Commonwealth Immigration Act » ; un nouveau droit de résidence sera accordé aux « Patrials », Chinois originaires des colonies britanniques ou ayant un « lien étroit avec la Couronne » par naissance, domiciliation, mariage ou descendance. Le fait chinois en Grande-Bretagne est caractérisé par sa *relative dispersion* : même dans l'agglomération londonienne qui en abrite plus de 40 %, il n'y a pas de concentration donnant lieu à un phénomène de *chinatown* et le marquage visuel de Soho ne doit pas faire illusion à cet égard.

La trajectoire de l'immigration chinoise aux *Pays-Bas* est assez comparable : des marins implantés vers 1911, puis des travailleurs sous contrat venus de France après l'armistice de 1918, et surtout les flux de la décolonisation — Chinois d'Indonésie (essentiellement *peranakans*) à partir de 1949, Chinois du Surinam (en majorité *Hakka*) à partir de 1975, et peu après Chinois du Vietnam. Comme en France, l'ouverture de la Chine populaire des années 1980 va réamorcer et amplifier le flux en provenance de la province du Zhejiang qui marquait l'entre-deux-guerres, et comme en Grande-Bretagne la restauration occupe 50 à 60 % au moins de la main-d'œuvre active ; les restaurants sino-indonésiens sont passés de 225 en 1960 à 1 988 en 1991 dont la moitié à Amsterdam, Rotterdam et La Haye qui semblent saturés[1].

II. — France

Le fait chinois procède en France d'apports successifs depuis le début du siècle, de nature très diverse et de volume fort inégal.

1. Franck N. Pieke, Immigration et entreprenariat : les Chinois aux Pays-Bas, *Revue européenne des migrations internationales,* vol. 8, n° 3, 1992, p. 33-50.

Le recensement de 1911 dénombre 211 ressortissants chinois qui comptent aussi bien quelques restaurateurs, des pédicures, des ébénistes, des marchands d'objets chinois et quelques intellectuels anarchistes. Dans l'entre-deux-guerres une nouvelle implantation d'une tout autre origine apparaît passages Brunoy et Raguinot près de la gare de Lyon : celle des travailleurs qui avaient été recrutés en 1916 pour « l'effort de guerre » et qui, à la gare de Lyon, auraient échappé au contrôle de rapatriement ; ils sont originaires de la province de *Zhejiang,* district de *Qingtian,* et s'installent dans la bimbeloterie, en partie importée du Japon. Dans ce quartier s'implantèrent du même coup, en sordides hôtels meublés, d'autres ressortissants du Zhejiang — *Qingtian* mais aussi *Wenzhou* — qui assuraient le colportage à Paris et sur les routes de France des articles de bimbeloterie. Ces activités disparaîtront à la veille de la Seconde Guerre mondiale[1], et les Chinois iront s'établir dans le IIIe arrondissement en laissant leur trace passages Brunoy et Raguinot sous la forme d'une ou deux gargotes, qui faisaient l'affaire des étudiants de l'Ecole des Langues orientales trop souvent légers d'argent mais peu regardants... Ce sera là, plus tard, le sinistre îlot insalubre Châlon, bourré de drogue et de drogués, mais qui sera enfin démoli. La migration vers le IIIe arrondissement, dans le quartier des Arts-et-Métiers, est en même temps une reconversion qui fait des Chinois *Wenzhou* de remarquables maroquiniers ayant prospéré dans un créneau laissé vacant par les artisans juifs, dont on sait le sort en ce temps-là. Le fait chinois à Paris sera, jusqu'aux années 1970, une « minorité invisible » ne dépassant guère 20 000 personnes et dont seuls les restaurants du Quartier latin et de Montparnasse semblent rappeler l'existence.

A partir de 1975 l'immigration chinoise en France change brutalement de dimension et de nature, par *la conjonction de deux échecs* à des échelles certes très différentes : échec américain au Vietnam, qui provoque un exode ; échec relatif de la rénovation du XIIIe arrondissement à Paris qui offre alors des structures d'accueil et un parc-logement disponible : ainsi pour la première fois à Paris et en France va naître un « quartier chinois », une manière de *chinatown,* le

1. Mais c'est aussi, entre 1935 et 1948, le séjour de brillants étudiants dont le plus célèbre est M. Qian Sangqian, élève de F. et I. Juliot-Curie, qui sera le père de la bombe atomique chinoise.

« triangle de Choisy »[1] qui s'inscrit entre le boulevard Massena, l'avenue de Choisy et l'avenue d'Ivry, mais qui déborde vers la rue de Tolbiac et jusqu'à la rue du Chevaleret.

Activités et marquage visuel semblent transposer dans ce vieux quartier populaire de Paris le petit monde chinois de Cholon et de Phnom Penh, pour une fois réunies... ; sinogrammes, odeurs, langues et dialectes, configuration ethnographique... tout suggère *chinatown* mais ce n'est pas *chinatown*[2], encore moins un ghetto, mais bien plutôt un quartier d'ancrage qui en laisse naître d'autres depuis la fin des années 1970. C'est d'abord à Belleville, cet autre vieux quartier populaire de Paris, celui des « bals apaches » de l'entre-deux-guerres, mais dans un nouveau « contexte commercial judéo-musulman »[3] que se développe depuis 1977-1978 un nouvel agrégat chinois, commercial d'abord — restaurants — puis très diversifié et résidentiel au fur et à mesure que progresse la rénovation urbaine du quartier qui en chasse les anciens occupants (eux-mêmes immigrés, maghrébins notamment) ; il y aurait déjà autour de Belleville quelque 30 000 habitants chinois et indochinois. Au cours des années 1980 ces implantations débordent l'agglomération pour se grouper dans la ville nouvelle de Marne-la-Vallée, en particulier sur les communes de Lognes et de Noisy-le-Grand ; plus de mille familles asiatiques[4] arrivent annuellement dans la ville nouvelle jusqu'en 1985, puis les flux diminuent presque de moitié

1. M. Guillon, I. Tabaoda-Leonetti, *Le triangle de Choisy,* Paris, CIEMI-L'Harmattan, 1986 ; ouvrage de référence.

2. Les Chinois y sont encore bien minoritaires, il n'y a pas d'autonomie économique et les commerces de détail « ethniques » n'y forment que 50 % environ de l'ensemble.

3. E. Ma Mung et G. Simon (coord.), *Commerçants maghrébins et asiatiques en France,* Paris, Masson, 1990.

4. Chinois, Cambodgiens, Laotiens, Vietnamiens (ou Chinois ressortissants de l'Indochine). E. Brunel, Les Chinois à Marne-la-Vallée, *Revue européenne des migrations internationales,* vol. 8, n° 3, 1992, p. 195-209.

mais ne cessent pas ; le quart environ vient du XIIIe arrondissement et le reste des Xe, XVIIIe, XIXe et XXe arrondissements de Paris, pour intégrer des logements en accession à la propriété bénéficiant d'un financement PAP et aussi de financements spécifiques, internes à la communauté (cf. quatrième partie, chap. I). Disponibilité d'un parc de logements à relativement bon compte, connexion rapide (RER) avec l'Est parisien où plus de la moitié d'entre eux travaillent[1], filière migratoire et « effet de boule de neige » enfin apparaissent comme les facteurs essentiels de cette nouvelle domiciliation qui est, elle, pavillonnaire.

Ainsi en une quinzaine d'années, la peu nombreuse « minorité invisible » chinoise de Paris décuple et s'inscrit bien en évidence dans le paysage parisien, une évidence qui dépasse la réalité et qui ne doit pas faire prendre un « quartier chinois et indochinois » pour une *chinatown,* mais une évidence qui masque aussi diverses activités souterraines, en particulier une intense activité de confection. Dans le même temps c'est le renouveau, la densification et l'essaimage du noyau primitif du IIIe arrondissement ; on pourrait parler du « triangle des Arts-et-Métiers » où, entre les rues Turbigo, Réaumur et du Temple, sont domiciliés — *officiellement* — au moins 2 000 Chinois originaires de la province de *Zhejiang,* région de *Wenzhou* surtout, filière migratoire ancienne, on l'a vu, et qu'est venue réactiver l'ouverture de la Chine des années 1980, avec une assez forte immigration clandestine. Là sont établis plus de cent commerces de gros, dont la plupart commercialisent la production de maroquinerie élaborée elle-même en grande partie dans le quartier ; la plus forte densité apparaît entre la rue Chapon et la rue au Maire et un essaimage plus récent atteint la rue du Temple et Beaubourg. Cet ensemble, aujourd'hui

1. Restauration et surtout confection qui s'est beaucoup développée entre Bastille et République, en évinçant Turcs et « Yougoslaves ».

comme hier, se distingue des autres agrégats chinois par la quasi-absence de « marquage visuel ».

Si le fait chinois en France reste massivement parisien et francilien, il a néanmoins quelque peu essaimé en province par ses restaurants. Rares étaient les localités provinciales à s'orner de sinogrammes lumineux avant les années 1970, et aujourd'hui le restaurant « chinois » (souvent vietnamien et parfois thaï) fait partie du paysage urbain, aussi bien à Aix-en-Provence qu'à Lille, à Rennes que sur la frontière franco-suisse... Les plus prospères dans les villes les plus dynamiques ou les mieux situées (Lille par exemple, avec le tunnel sous la Manche) seront-ils à leur tour le noyau de futurs agrégats ? Plus récemment ce sont des implantations en amont de la chaîne alimentaire, comme ces maraîchages chinois de la région d'Amiens, qui produisent le délicieux chou chinois *(brassica sinensis* et *brassica pekinensis)* pour la restauration et les supermarchés chinois, ou en amont de l'artisanat, comme cet originaire du Zhejiang installé dans le Tarn pour approvisionner en mégisserie ses compatriotes du IIIe arrondissement de Paris.

TROISIÈME PARTIE

LA DIMENSION GÉOPOLITIQUE

Chapitre I

DIASPORA ET MONDE CHINOIS

Un des traits essentiels qui distingue la diaspora chinoise des autres diasporas vient de la fragmentation de la mère-patrie — fracture à caractère surtout économique depuis 1842, avec la colonisation de Hong Kong qui s'ajoute à celle de Macao (1557) ; fracture essentiellement politique depuis 1949, entre une Chine continentale communiste et une Chine insulaire nationaliste.

La question qui se pose alors aux Chinois d'outre-mer est de savoir non pas à « quelle Chine » se vouer, mais quelle attitude prendre entre deux *pouvoirs* Chinois antagonistes, compte tenu d'un *troisième pouvoir* qui est celui du pays d'accueil ; la dimension géopolitique du fait diasporique chinois se trouve désormais soulignée, mais elle l'était en réalité depuis le début du siècle par la terminologie même que la Chine a forgée pour désigner le fait chinois outre-mer.

I. — Le sens des mots

La langue chinoise, qui n'a que faire des racines grecques, n'a pas de traduction pour *diaspora,* dont elle donne tout simplement la définition historique ; elle n'a pas non plus d'appellation unique pour sa propre émigration, appellation qui a évolué avec l'Histoire et avec le contexte géopolitique.

Jusqu'à la fin du XIXe siècle il n'est guère question que de *« Nanyang huashang »,* « commerçants chinois des mers du Sud », et ce n'est qu'au cours des années 1880 qu'apparaît dans diverses publications chinoises le terme *« qiao » (émigrés temporaires)* qui composera à partir du tournant du siècle l'appellation *« Huaqiao » (émigrés Chinois)* qui va remplacer officiellement les appellations antérieures[1]. Ce terme *« qiao »* n'est pas neutre pour avoir été utilisé peu avant pour désigner dans le traité de Tianjin (1858) la « résidence temporaire » des officiels étrangers en Chine ; ainsi l'émigration chinoise, interdite depuis 1648 et donc *officiellement* ignorée, trouve-t-elle alors un nouveau statut, *temporaire* mais *protégé* (l'interdit étant levé en 1893). Ainsi les « marchands chinois du Nanyang » deviennent les « Chinois d'outre-mer », expression qui traduit *« Huaqiao »* avec quelque ambiguïté ; en effet avec la mondialisation du fait chinois à partir du milieu du XIXe siècle et l'enracinement des générations antérieures, la situation s'est diversifiée, et l'appellation a fini par recouvrir des réalités différentes, et notamment :

— des migrants temporaires,
— des ressortissants Chinois résidant outre-mer,
— des Chinois d'outre-mer naturalisés mais dont le sentiment d'appartenance reste chinois, ainsi que les relations familiales et économiques,
— des Chinois d'outre-mer naturalisés et plus ou moins assimilés.

Quand, après la Seconde Guerre mondiale, c'est non seulement la fracture de la Chine mais aussi la décolonisation et la naissance de nouveaux Etats de l'Asie du Sud-Est, les Chinois d'outre-mer se voient brutalement mis en cause, tout à la fois comme « cinquième colonne » active ou potentielle du commu-

1. Wang Gungwu, Southeast Asian *Hua-ch'iao* in Chinese History-writing, *Journal of Southeast Asian Studies,* vol. XII, n° 1, mars 1981, p. 1-14.

nisme chinois, et comme anciens collaborateurs du « colonialisme », contre lequel les jeunes nations où ils se trouvent ont besoin de se construire une identité ; il en résulte de nouveaux pogroms ou, en tout cas, de nouvelles mesures discriminatoires.

La nouvelle donne géopolitique entraîne une reconsidération des appellations (c'est très confucéen...) ne serait-ce que pour rassurer les nouveaux Etats d'Asie du Sud-Est — c'est la politique de Pékin de l'époque — en ne considérant plus la totalité des Chinois d'outre-mer comme des « émigrés Chinois temporaires » — *Huaqiao* — impliquant la protection de la Chine. Cette appellation ne désigne plus, *officiellement,* que les *Chinois d'outre-mer qui ont conservé la nationalité chinoise* et s'inscrit ainsi dans un ensemble de huit « catégories » de Chinois :

Tableau 4. — **Chinois et Chinois**

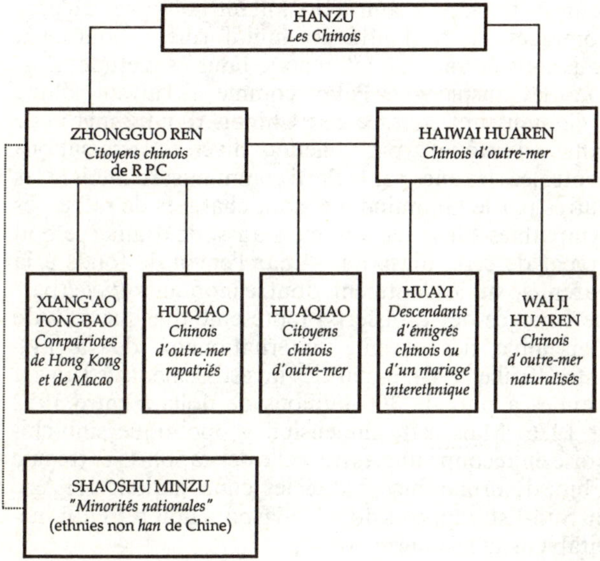

II. — La fracture (1949-1978)

1. **Les choix de la diaspora.** — En 1949 les Chinois d'outre-mer étaient encore nombreux à détenir un passeport chinois relevant de la Chine nationaliste retranchée à Taiwan, tandis que les autres, naturalisés, n'étaient pas particulièrement attirés par une Chine communiste qui remettait en cause ce qui avait précisément fait leur fortune ou du moins leur genre de vie outre-mer, à savoir une économie de libre-entreprise ; *a fortiori* quand la plupart des Etats dans lesquels ils se trouvaient insérés étaient eux-mêmes hostiles à l'idéologie de Pékin. Tels étaient les atouts essentiels, la rente de situation dont bénéficiait *Taiwan* vis-à-vis de la diaspora.

Pékin de son côté disposait d'un atout maître par la présence dans ses provinces méridionales de la parentèle de la diaspora, estimée à plus de 10 millions de personnes ; les enjeux sont alors autant politiques qu'économiques : lutte d'influence multiforme — journaux, émissions de radio, conférences, bourses d'études... — sous les auspices, à Pékin comme à Taiwan, d'une « Commission chargée des Chinois d'outre-mer » de rang ministériel; par ailleurs, diverses associations contrôlées les unes par le Parti communiste chinois et les autres par le Guomindang, sont chargées de rallier les sympathies sur le terrain, mais aussi de drainer le bon argent de cette diaspora — par l'envoi de fonds à la parentèle sur le Continent, dont le montant *officiel*(partie émergée des transferts) représente quelque 5 % de l'ensemble des revenus internationaux de la RPC entre 1950 et 1964, et par des investissements à Taiwan estimés à plus de 300 millions de dollars entre 1952 et 1976. Mais cette dimension géopolitique sino-chinoise en recoupe une autre, celle des rapports entre une Chine désormais bicéphale et les jeunes nations de l'Asie du Sud-Est, rapports dont la diaspora doit ressentir inévitablement les contre-coups.

2. **De la Conférence de Bandung à la Révolution culturelle (1955-1965).** — Tandis que la politique de Taiwan à l'égard des Chinois d'outre-mer restait fondée sur le principe du *jus sanguinis* selon la loi sur la nationalité de 1929 et l'article 64 de la Constitution de 1947, celle de Pékin va se conformer en 1954 à la politique de « coexistence pacifique » prônée par Moscou, et se déclarer prête à signer des accords sur le statut des Chinois d'outre-mer avec les différents pays d'Asie du Sud-Est. La Conférence de Bandung en avril 1955 est l'occasion pour la RPC et sa délégation dirigée par Zhou Enlai de faire la démonstration d'une politique nouvelle, rassurante, en se ralliant au principe du *jus soli,* renonçant ainsi théoriquement à tout droit de regard sur les émigrés chinois devenus citoyens étrangers. Un traité est signé avec l'Indonésie, le Nord-Vietnam et la Birmanie mais partout ailleurs, faute de relations diplomatiques, ce sont les conditions locales et l'influence de Taiwan qui prévaudront. Las, en 1965 une tentative de coup d'Etat procommuniste en Indonésie entraîne une féroce répression militaire qui fait quelque 300 000 victimes et provoque l'exode de dizaines de milliers de Chinois d'Indonésie, et à partir de 1966 c'est la Révolution culturelle en Chine : elle entraîne, d'une part, dans la diaspora, l'adhésion turbulente de groupes très minoritaires mais suffisants pour provoquer de sanglants affrontements en Malaisie, en Indonésie, en Birmanie, et des problèmes au Cambodge, et d'autre part des exactions et des crimes au sein de la parentèle du Continent, alors diabolisée par ses attaches à l'étranger[1].

Ainsi de 1965 à 1974 (rapprochement sino-américain) la diaspora en Asie du Sud-Est[2] se trouve-t-elle

1. Et les Chinois d'outre-mer rapatriés furent alors exclus du Parti et de l'Administration.

2. Dans le reste du monde la faiblesse des effectifs, l'éloignement géopolitique et l'opportunisme n'ont autorisé que des actions isolées et sans grande résonance.

dans l'une des pires conjonctures qu'elle ait connues : considérée comme une « cinquième colonne » par des pays d'accueil eux-mêmes souvent en difficulté, et d'autant plus que la propagande de Taiwan est argumentée par « l'imminence du péril rouge », elle n'en est pas moins coupée du Continent lui-même à feu et à sang, où la qualité de « Chinois d'outre-mer » et apparenté se trouve plus que jamais contre-indiquée.

III. — Les retrouvailles panchinoises depuis 1979

Le désengagement américain au Vietnam en 1975 puis la disparition de Mao en 1976 sont des événements essentiels qui vont modifier la conjoncture externe et interne de la RPC, pour aboutir au 3e Plenum du XIe Comité central du PCC de décembre 1978 consacrant le retour de Deng Xiaoping aux affaires et engageant le pays dans une *« politique de modernisation et d'ouverture »* qui semble diamétralement opposée à celle des vingt années précédentes.

On en connaît les modalités et les évolutions essentielles : création de zones franches et ouverture du littoral, appel aux capitaux étrangers sous différentes formes, reconstitution et développement prioritaire d'une « Chine maritime »...[1] ; or dans tous ces aspects, il s'agit d'abord, dans les faits, d'une ouverture *« sino-chinoise »* : les cinq « zones économiques spéciales » ont *toutes* été développées sur les grands *foyers d'émigration* des Chinois d'outre-mer[2] : *Amoy (Xiamen)* au Fujian, *Swatow (Shantou), Zhuhai, Hainan* et *Shenzhen* au Guangdong ; cette dernière, limitrophe de Hong Kong a fonctionné comme un véritable sas entre la Colonie britannique et la province du Guangdong, province par excellence de l'émigration, et qui a bénéficié de quelque 60 % de la totalité des investissements « étrangers » en Chine, dont les 9/10e environ en provenance de Hong Kong, c'est-à-dire

1. Cf. Pierre Trolliet, *Géographie de la Chine,* Paris, PUF, coll. « Que sais-je? » 1993.
2. Cf. carte 1.

du Monde chinois dans son ensemble[1]. Les « zones économiques spéciales » ont été elles-mêmes directement inspirées des zones franches qui avaient fait leur preuve à Singapour et à Taiwan ; après de cahotiques premières années, elles sont devenues réellement opérationnelles grâce, notamment, à la collaboration de M. Goh Keng Swee, ancien vice-premier ministre de Singapour et économiste éminent.

Corrélativement c'est l'essor sans précédent des échanges commerciaux entre la Chine et le Monde chinois : Hong Kong s'affirme, de loin, le premier partenaire du Continent (plus du quart des échanges), tandis que l'ensemble de l'ASEAN (avec le rôle que l'on sait des Chinois d'outre-mer) arrive déjà au cinquième rang, et que les échanges avec Taiwan (via Hong Kong) deviennent un secret de polichinelle et passent de 76 millions de dollars US en 1979, à près de 1 milliard de dollars US en 1986 et à près de 6 milliards de dollars US en 1991 ! Mieux encore, Taiwan reprend pied au Fujian, sa province-mère, pour une reconquête qui n'est pas celle dont rêvait Chang Kai-shek, les armes à la main, mais par des investissements massifs qui, depuis 1988 seulement, dépassent 4 milliards de dollars US ; comme Hong Kong dans le delta de la Rivière des Perles, Taiwan procède sur le littoral du Fujian à une vaste campagne de *délocalisations* de ses industries légères à fort coefficient de main-d'œuvre[2].

Retrouvailles à caractère économique doublées, c'est essentiel, de *retrouvailles humaines, familiales, culturelles.*

1. De 1980 à 1988 les investissements des *seuls* Chinois d'outre-mer totalisent plus de 5 milliards de dollars sur un investissement étranger total de 9,5 milliards, tandis qu'ils atteignent environ 1 milliard de dollars pour la même période à Taiwan. Hung-yu Chen : China's Political Division and Chinese Communities in Southeast Asia, *Issues and Studies,* avril 1991, p. 69-92.

2. La main-d'œuvre sur le Continent est de 20 à 50 fois *moins chère* que dans le reste du Monde chinois ; telle est la condition ouvrière dans cette République *populaire...*

« Le rôle des Chinois d'outre-mer dans ce processus n'a pas été moins important que dans le domaine économique : les conférences d'intellectuels sino-américains comme l'historien Yu Ying-shih, le philosophe Tu Wei-ming ou l'anthropologue Chang Wang-chih, pour ne citer que quelques noms, ont permis l'accès à une version déjà sinisée des débats théoriques contemporains. De fait, on ne comprendrait pas l'ampleur des changements actuels si on ne faisait pas entrer en ligne de compte la lente réappropriation par le Continent, après trente années de silence, des acquis théoriques, souvent importants, de la "Chine extérieure" », Joël Thoraval, La « fièvre culturelle » chinoise : de la stratégie à la théorie, *Critique,* août-septembre 1989, n° 507-508, p. 561.

Tandis que les autorités chinoises s'efforcent de dédommager les « Chinois d'outre-mer de l'intérieur » et la parentèle des émigrés frappés par la Révolution culturelle, et que diverses organisations et institutions sont remises sur pied et étendues, les Chinois de Hong Kong et d'outre-mer puis les Chinois de Taiwan sont autorisés à visiter le Continent[1] et leur parentèle : outre la reprise plus considérable que jamais des apports de fonds, c'est l'apparition et le développement fulgurant dans bien des districts d'origine de la diaspora, d'édifices religieux et d'équipements domestiques et publics très considérables. C'est surtout « l'ouverture »... des yeux et des oreilles de toute une humanité chinoise qui se redécouvre après un demi-siècle de séparation, de drames et de propagande mensongère. Tandis que les Chinois de Taiwan et d'outre-mer constatent l'arriération du Continent, les Chinois de la RPC découvrent la « modernité », mais moins au contact de l'Occident, cet étranger, que de leurs cousins d'outre-mer avec qui ils forment un seul et même peuple ; pour eux seule la *frontière poli-*

1. Ils constituent désormais environ 80% de l'ensemble du flux touristique en Chine, où d'ailleurs la plupart des grands hôtels modernes ont été construits (et parfois gérés) depuis les années 1980 par des groupes de Hong Kong et des Chinois d'outre-mer.

tique semble expliquer l'opposition archaïsme/modernité, pénurie/abondance, entraves/liberté.

Ces retrouvailles vont si loin que les « événements de Tian'anmen » de 1989 qui avaient semblé devoir tout remettre en cause[1] ne sont plus guère ressentis que dans certaines couches éclairées de Hong Kong et il n'a fallu guère plus de six mois pour que les affaires reprennent, plus actives que jamais. Une véritable « Chine maritime méridionale » a pris forme entre Hong Kong-Guangdong-Fujian-Taiwan-diaspora, qu'un analyste de Taiwan qualifie de « zone culturelle et économique chinoise » avec l'inépuisable « réservoir » du Continent et les ressources scientifiques, économiques et financières des autres, y compris « les 100 000 professionnels chinois des Etats-Unis »[2]. A condition que la politique suivie par Deng Xiaoping lui survive (il est nonagénaire), à condition aussi que la géostratégie globale de la Chine continentale ne cède pas à son lobby militaire et à ses ambitions millénaires, comme vient de le suggérer sa nouvelle avancée dans les îles Spratley depuis 1990, ces îles revendiquées par les riverains du sud de la mer de Chine méridionale, qui s'inquiètent à nouveau des visées chinoises ; ce pourrait être alors, une fois de plus, les Chinois en Asie du Sud-Est qui en fassent les frais.

1. Bien des experts qui se sont exprimés se sont trompés à cet égard, de même que *tous* les soviétologues ont été pris de court par l'effondrement de l'URSS. Quelles leçons de modestie ! La meilleure analyse de « Tian'anmen » est celle de Jacques Andrieu, *Les médias sur la place Tian'anmen : acteurs ou voyeurs ?,* Centre Chine, Notes de Recherches et Documents, n° 7, Paris, avril 1993.

2. Yung Wei, *Issues and Studies,* juillet 1992, p. 18-19.

Chapitre II

INTÉGRATION ET IDENTITÉ

I. — Les aléas de l'intégration

La trajectoire historique, l'importance numérique, les caractères géopolitiques distinguent nettement, dans la problématique de l'intégration, la diaspora en Asie du Sud-Est des autres communautés chinoises. Dans les « Pays neufs », la Seconde Guerre mondiale a vu la fin, pour l'essentiel, des politiques des quotas spécifiques, et les immigrants chinois y sont depuis lors traités dans le cadre de la législation commune, comme c'est aussi le cas en Europe ; d'ailleurs, ainsi qu'on l'a vu, les migrations « par ricochets » se sont multipliées de telle sorte que le flux principal des Chinois en France l'a été sous passeports cambodgiens et vietnamiens tout comme il l'a été aux Pays-Bas sous passeports indonésiens, et en Australie sous les diverses nationalités de l'Asie du Sud-Est.

L'émigration des Chinois de *Hong Kong,* qui restait jusque-là circonscrite au domaine britannique a par ailleurs introduit depuis les années 1980 un nouveau cas de figure : celui d'émigrés chinois qui n'ont ni nationalité chinoise ni nationalité britannique mais qui sont dotés d'un « sous-passeport », celui d'un « territoire dépendant de la Grande-Bretagne » et dont l'efficacité se mesure plutôt au niveau du compte en banque de leur titulaire...

En Asie du Sud-Est la problématique et la pratique

de l'intégration — naturalisation notamment — sont beaucoup plus complexes, souvent assorties de tout un arsenal de mesures restrictives, à *caractère culturel* : interdiction des écoles et journaux chinois, à *caractère civique* : témoignages de moralité, serments de loyauté, durée de résidence. Mais la corruption régnant dans la plupart des administrations des Etats concernés et la virtuosité des Chinois à tourner des dispositifs réglementaires, ont souvent rendu illusoires la plupart des contraintes économiques et civiques. Quoi qu'il en soit les modalités d'insertion ont beaucoup varié dans le temps et d'un pays à l'autre :

1 / *Naturalisation très conditionnelle* par la multiplication des conditions préalables : âge, moralité, durée de résidence, emploi, examen de langue, répondant autochtone, etc. Tel est le cas dans le *sultanat de Brunei* et tel fut celui des *Philippines* jusqu'à la libéralisation de 1975 ; c'est aussi dans une mesure moindre, celui de la *Malaisie.*

2 / *Naturalisation optionnelle,* cas le plus répandu mais dans un cadre plus ou moins rigide : rigidité par exemple au *Sud-Vietnam* après le coup d'Etat de 1963, qui laisse le choix entre la naturalisation et la nationalité chinoise mais exclusivement sous l'obédience de Taiwan ; souplesse plus grande en *Indonésie* où la loi de nationalité de 1958 a permis, soit la naturalisation sous condition des Chinois de plus de 18 ans dont les parents sont nés ou résident en Indonésie[1], soit la conservation de la nationalité chinoise sous obédience de Pékin, soit le statut d'apatrides ; politiques extrêmement libérales au *Cambodge* ou au *Laos* où nombreux sont les mariages mixtes et rares les pressions exercées par l'Etat.

3 / *Intégration-assimiliation* en *Thaïlande* où sont reconnus à la fois le *jus soli* et le *jus sanguinis* et où les sino-thaïs sont légion, et souvent au pouvoir économique et même politique, portent des noms thaïs et ont une descendance qui souvent a laissé derrière elle l'usage du chinois.

4 / *Citoyenneté d'un nouvel Etat,* celui de la République de Singapour qui, le 7 août 1965, fit d'un important fragment de la diaspora un peuple indépendant ; le problème de la citoyenneté

1. Avec la reprise en 1988 des relations diplomatiques rompues en 1966 avec la RPC il suffit désormais de quinze ans de résidence pour obtenir la naturalisation.

des Chinois de Singapour fut réglé en fait dès octobre 1956 entre Zhou Enlai et David Marshall[1] alors premier ministre de Singapour encore Colonie de la Couronne.

En 1982 il y aurait encore, selon Pékin, quelque 4 millions de Chinois d'outre-mer dans le monde (20 % du total) qui ont conservé la nationalité chinoise (*Huaqiao* proprement dits), qu'elle se réclame de Pékin ou de Taiwan, tandis que dans l'ensemble des pays de l'ASEAN en 1985, selon Leo Suryadinata, près de 95 % sont désormais naturalisés. Mais naturalisés ou non, ils restent, particulièrement en Asie du Sud-Est, des Chinois soumis aux aléas des conjonctures intérieures et des relations avec la Chine ; les cas du Cambodge et du Vietnam sont édifiants à cet égard :

Au *Cambodge* comme on sait, les Khmer rouges pourtant inspirés, armés et protégés par Pékin n'ont pas spécialement épargné les Chinois, même ceux qui avaient conservé la nationalité chinoise. Au *Nord-Vietnam,* ce « pays frère » de la Chine devenu l'ennemi en 1977-1979, la communauté chinoise a dû fuir massivement, prise littéralement en otage par les deux gouvernements, et ce malgré l'accord Pékin-Hanoi de 1955 qui a permis la naturalisation des *Hoa* : accueillis en fanfare au Guangxi et au Guangdong ces réfugiés ont été incorporés dans des *fermes d'Etat* ou embauchés sur les chantiers en pleine effervescence de cette Chine méridionale ; ils n'en sont pas moins aujourd'hui de plus en plus discriminés (et grossis d'effectifs clandestins) et cherchent alors à gagner Hong Kong ; où iront-ils donc en 1997 ?... Ce sont aussi le drame indonésien de 1965 et la guerre civile en Malaisie de la fin des années 1940...

Hors de l'Asie du Sud-Est, le sort des émigrés chinois, naturalisés ou pas, s'avère généralement beaucoup plus stable que ce soit du fait de la discrétion de leurs effectifs, de la protection des Etats de droit (Europe et « Pays neufs ») et peut-être surtout de leur éloignement historique, géographique et géopolitique de la Chine.

1. Qui régla aussi alors l'émigration des Juifs de Chine populaire. David Marshall fut plus tard, et jusqu'à sa mort, ambassadeur de Singapour à Paris et doyen du corps diplomatique.

II. — Quelle conscience identitaire ?

Le caractère trop souvent aléatoire du statut des émigrés, l'importance et la nature très diverses des implantations au sein d'Etats excessivement différents, la nature *multipolaire* (E. Ma Mung) de cette diaspora conduisent à la question de la *dimension identitaire* du fait diasporique. Il revient à Wang Gungwu[1] d'avoir le premier établi clairement les éléments d'une grille d'analyse pour l'Asie du Sud-Est, selon quatre grands cas de figure :

1 / *Les communautés qui restent nettement chinoises,* que ce soit par la nationalité et/ou par les relations économiques avec Pékin et/ou Taiwan ; ce peut être aussi des Chinois naturalisés par opportunisme et n'échappant pas au « chauvinisme chinois ».

2 / *Les communautés qui s'identifient d'abord à la diaspora elle-même* à travers ses organisations spécifiques (cf. quatrième partie) et ses filières géodialectales ; le rapport au pays d'accueil et à la Chine apparaît secondaire et essentiellement opportuniste : ce serait le cas majoritaire.

3 / *Les communautés (les individus surtout) qui s'impliquent dans la politique, le destin et la culture de leur pays d'accueil ;* « minorité dans la minorité » elle est constituée surtout d'éléments des couches supérieures.

4 / *Les communautés assimilées, babas, peranakans, luk-jin...,* dont la sinité serait diluée, parfois effacée. Elles constituent, on l'a vu, des sociétés spécifiques notamment *Babas* et *Peranakan* qui pratiquent un dialecte malais (et de plus en plus l'anglais) en conservant leurs us et coutumes chinois (le plus souvent disparus de Chine) ; leur expression culturelle est sans équivalent dans la diaspora[2], mais un mouvement de *resinisation* amorcé à partir de la fin du XIXe siècle semble devoir s'accélérer ces dernières années pour des raisons *socio-économiques* : l'identité *baba* ne permet pas une véritable intégration dans la société malaise, tandis qu'une resinisation (essentiellement par la langue) peut faciliter l'accès aux affaires commerciales et industrielles chinoises.

1. *The Chinese Minority in Southeast Asia,* Nanyang University, Singapour, 1978.

2. Cf. les nombreux articles de Claudine Salmon dans la revue *Archipel,* et son ouvrage *Traditional Chinese Fictor in Asia* — 17-20th centuries —, Pékin, 1987 ; et Leo Suryadinata, éd., *Chinese Adaptation and Diversity : Essays on Society and Litterature in Indonesia, Malaysia and Singapore,* Singapour, 1993.

Cette grille, pour imparfaite, incomplète ou schématique qu'elle soit, se vérifie assez bien en France même où tous ces cas de figure peuvent être observés, en particulier le second qui caractérise bien les communautés venues du Cambodge et du Vietnam, et le premier qui englobe à la fois les vagues les plus récentes, venues de Chine populaire et de Taiwan, et certaines strates les plus anciennes (Wenzhou).

L'analyse de Wang pour l'Asie du Sud-Est trouve un excellent écho dans celle de Wong pour la *chinatown* de New York[1], où sont identifiés cinq grands cas de figure qui dépassent le seul phénomène new-yorkais, pour rendre assez bien compte de l'ensemble du fait diasporique dans les « Pays neufs » :

1 / *L'ancienne immigration* dont les classes moyennes s'identifient avec la *chinatown* sans s'assimiler et en éprouvant un sentiment d'appartenance surtout culturel avec la Chine ; neuf quotidiens en langue chinoise y sont d'obédience diverse (Pékin, Taiwan, « neutre »...) mais prônent tous, plus ou moins, la « supériorité » de la culture chinoise.

2 / *Les nouveaux immigrants* qui, depuis 1965, viennent surtout de Hong Kong, Macao et Taiwan pour essayer d'accéder au « rêve américain », et qui tombent sous influence matérielle et idéologique américaine, tout en conservant les pratiques sociales et linguistiques chinoises.

3 / *Les classes supérieures* issues de la bourgeoisie immigrée pendant la Seconde Guerre mondiale et naturalisées, mais aussi des générations nées aux Etats-Unis et bénéficiant du *jus soli* ; qu'ils conservent ou non une culture chinoise (assez peu dans le second cas) ces « Américains d'origine chinoise » sont globalement représentés par « The Organization of Chinese-Americans » qui se veut « American first » à tous égards.

4 / *La jeunesse déçue* née en Chine ou à Hong Kong, et arrivée aux Etats-Unis avec une vision stéréotypée et paradisiaque de l'Amérique. Déculturée, affrontée à l'échec scolaire, elle est souvent promise à la délinquance ; confrontée aux autres bandes — Noirs, Portoricains, Jamaïquains... —, elle manifeste alors son « identité chinoise », réflexe ethnique bien connu dans ce

1. B. Wong, *Chinatown : Economic Adaptation and Ethnic Identity of the Chinese,* New York, 1982.

contexte, qui relève plus d'un mécanisme de survie que d'une véritable conscience identitaire.

5 / *L'immigration clandestine* qui est de plus en plus organisée à partir de la Chine méridionale en liaison avec les gangs chinois des chinatowns ; férocement exploitée dans les ateliers clandestins et les bordels, où la question de l'identité n'est pas primordiale, c'est la nouvelle version de la traite des *coolies* mais alors entièrement organisée par les Chinois eux-mêmes.

Le caractère commun à l'ensemble du fait diasporique chinois, c'est son *identité sans territorialité,* c'est un sentiment d'appartenance moins à un pays, encore moins à un Etat, qu'à une *culture* dont la *langue écrite*[1] permet le dépassement des nombreux dialectes, et où l'héritage historique plurimillénaire, les mythes fondateurs, le moule confucéen, etc., constituent un « conglomérat hérité » (P. Bugard) ; il en résulte, notamment, une *approche chinoise* des faits humains, spirituels comme matériels, qui s'exprime et se perpétue (pour longtemps encore ?) dans la conception et la finalité de la *famille* et, par extension, des relations communautaires. C'est, paradoxe apparent, ce *communautarisme confucianiste* (L. Vandermeersch) qui soustend un autre caractère spécifique de la diaspora chinoise, celui de sa prodigieuse capacité d'adaptation aux changements de conjoncture, son acrobatique opportunisme politique et économique, qui ont largement contribué à sa survie et à sa prospérité.

1. Sans équivalent dans l'Humanité, si ce n'est par ses *copies* au Japon, en Corée, au Vietnam, ces « Pays sinisés ».

Chapitre III

LE CAS DE SINGAPOUR

Un fragment de la diaspora est devenu en 1965, sur un établissement insulaire de 571 km² au sein du monde malais, le peuple majoritaire (à 76 %) d'une République indépendante ; or, l'origine même de cette indépendance procède pour une grande part du fait ethnique et identitaire ; cette quête de l'identité va s'exprimer tout particulièrement à travers les tribulations de la politique linguistique de la cité-Etat.

Issue de l'orbe britannique qui l'incorpora en 1867 et séparée de la Malaisie en 1946, Singapour est dotée d'une autonomie interne en novembre 1958 ; les élections qui en résultent portent, en 1959, le People's Action Party (PAP) — alors social-démocrate — au pouvoir, et avec lui son leader Lee Kuan Yew[1] qui va régner sans partage jusqu'en 1990, date de son départ à la retraite ; mais une retraite « manière Deng Xiaoping ». Après avoir formé avec la Malaisie indépendante en 1963, la Fédération de Malaysia, Singapour proclame le 9 août son indépendance, après une progressive détérioration des rapports politiques avec Kuala Lumpur, et les sanglantes émeutes raciales entre Malais et Chinois en 1964-1965. Singapour focalisait alors dans le monde malais l'animosité grandissante à l'égard des Chinois d'outre-mer crédités de sympathie ou d'activités favorables à l'agitation communiste de l'époque. Ainsi « depuis que Singapour a quitté la Fédération, les Chinois y ont développé un "syndrome d'Israël" — celui d'un petit pays entouré d'ennemis et survivant uniquement par son génie et son courage... — Le "syndrome d'Israël" est un développement logique de cette mentalité de "dos au mur" forgé par Lee Kuan Yew et le PAP pour

1. Avocat formé à Cambridge, de père *Hakka* et de mère *Baba* et très longtemps ignorant de la langue chinoise nationale.

que la population accepte plus volontiers les sacrifices et même les contraintes imposées par le gouvernement »[1] ; comparaison diasporique qui n'est pas sans intérêt ; d'ailleurs, ce sont des spécialistes israéliens qui entraînèrent les forces armées singapouriennes... Mais la comparaison doit s'arrêter là, Singapour n'est pas « l'Israël de l'Asie » comme on a pu l'écrire ici ou là.

Dès lors la question de l'identité conditionne-t-elle l'existence même de la nouvelle République qui doit, selon ses nouveaux dirigeants, rassurer ses voisins en coupant tout net avec une Chine communiste et en remodelant de fond en comble une société communaliste, imprégnée de « chauvinisme chinois » et inapte à faire de Singapour, privée de l'hinterland malais, une « ville globale avec le monde pour hinterland » (S. Rajaratnam). Alors quelle identité ? Lee Kuan Yew en a clairement exposé le principe, en rappelant que l'on ne parle pas de « Britanniques d'outre-mer » à propos des Australiens ou des Canadiens anglophones...

I. — Ingénierie sociale et bilinguisme

En 1960, le tiers environ de la population de Singapour vivait dans des taudis *(squatter slums),* et en 1976, plus de 80 % des Singapouriens étaient installés dans des logements neufs implantés dans des « villes nouvelles » ; l'île qui était le domaine des rats, des moustiques et des ordures est devenue la « Suisse de l'Extrême-Orient » ; un nouvel ordre social qui est indispensable à la nouvelle ambition internationale en même temps que la « désinisation » par décommunalisation dans les « villes nouvelles » marque une rupture fondamentale avec la *chinatown.* Ce remodelage matériel, social et économique de toute une société, cette « ingénierie sociale » (Ch. Goldblum) passe aussi par une nouvelle politique linguistique plus conforme à l'internationalisation prévue, et indispen-

1. R. McKie, *Singapore,* Sydney, 1972.

sable à la remise en cause identitaire. Après une sévère répression du « chauvinisme chinois », l'Etat-PAP impose à partir de 1966 le bilinguisme dans l'enseignement secondaire (l'anglais en première ou seconde langue), et en 1971 l'anglais devient la langue officielle des forces armées alimentées depuis 1968 par la conscription. L'afflux des capitaux étrangers et l'internationalisation de l'économie de Singapour ont vite conduit la majeure partie des familles singapouriennes à considérer l'avenir de leurs enfants à travers une scolarisation en anglais, tandis que l'effet de génération en a répandu l'usage[1] avec la pénétration des séries américaines, du rock et des « McDo » ; tant et si bien que s'est engouffrée du même coup, comme ce sera le cas en Chine populaire quinze ans plus tard, la « pollution spirituelle » occidentale qui a vite contaminé les *wogs (westernized oriental gentlemen),* susceptibles alors de ne plus supporter le régime autoritaire et le désert culturel de l'Etat-PAP. L'opposition au régime n'est plus le fait des Chinois « chauvins et communisants » mais celui des Singapouriens anglicisés, tandis que s'est conforté le devenir économique et géopolitique de la cité-Etat désormais en paix avec ses voisins. Par conséquent c'est un retour aux « valeurs morales asiatiques », un renouveau de la langue chinoise qui sont mis en œuvre à la fin des années 1970, comme antidote à l'occidentalisation (mais pas à celle des capitaux).

II. — Quel retour aux sources ?

Ce sont d'abord de vigoureuses campagnes en faveur de la langue chinoise nationale — *guoyu* ou *mandarin* — appuyée par des slogans en anglais (!) tels que « speak Mandarin », « use more Mandarin, less

1. Ou plutôt celui d'une manière de *pidgin english,* le *singlish* ou *Singapore english.*

dialects », puis les émissions télévisées désormais en *mandarin* alors qu'elles l'étaient en dialecte (sous-titrées en sinogrammes), sans supprimer pour autant les émissions en anglais, l'adoption des caractères simplifiés et de la transcription alphabétique *pinyin* mise au point à Pékin et jusque-là interdites, comme elles le sont encore à Taiwan ; à partir de 1982, on introduit officiellement l'enseignement de l'éthique confucéenne dans le secondaire :

> La base morale de l'Eglise catholique et romaine c'est la Bible et celle du mandarinat chinois fut et doit être à nouveau le confucianisme... comme les prêtres de l'Eglise et comme les mandarins de la Chine impériale nous avons une mission et nous devons en être tous dignes (B. G. Yeo, ministre des Affaires étrangères, décembre 1988).

En 1986, associations claniques, dialectales et autres, ces fondements de la sinité outre-mer, sont revitalisées et l'Etat-PAP crée et subventionne une Fédération des associations claniques, présidée par le directeur de la United Overseas Chinese Bank, ce fleuron de la puissance économique de la diaspora en Asie du Sud-Est. On peut voir certainement dans un tel revirement — contemporain de celui en sens inverse de la République populaire — une démarche tactique du PAP, désormais soutenu par la partie sinisante de la population de l'île qui veut assurer ainsi sa pérennité, et aussi une démarche personnelle de Lee Kuan Yew souhaitant retrouver ses racines profondes avant que de passer les *Fontaines jaunes...* ; en tout cas l'entreprise aboutit objectivement, pour l'heure, à un spectaculaire rapprochement avec la Chine populaire — les investissements de Singapour sur l'ensemble du domaine littoral chinois ont excédé en 1992 le total des treize années précédentes — et à un rôle central dans les retrouvailles panchinoises, comme l'atteste la rencontre « historique » entre des représentants de la République populaire et de la République de Chine (Taiwan) qui a eu lieu du 27 au 29 avril 1993 dans la cité-Etat[1]. La République de Lee Kuan Yew avec ses succès économiques et internationaux sous un régime quasiment totalitaire, qui a approuvé la répression de Tian'anmen, est par ailleurs une excellente référence pour la Chine de Deng Xiaoping[2] ; c'est aussi le « nouveau bastion avancé » de l'influence chinoise en Asie du Sud-Est, de la « grande sphère culturelle chinoise »[3] et c'est, en tout cas, le pôle essentiel du redéploiement de l'activité économique de la diaspora, comme le montre la tenue en août 1991 du premier Congrès mondial des entreprises des Chinois d'outre-mer, sous l'égide de la *Singapore Chinese Chamber of Commerce.*

1. Bien qu'elle n'ait guère donné lieu qu'à un échange de rebuffades.
2. Qui l'a déclaré publiquement lors de sa tournée au Guangdong en janvier-février 1992.
3. Que la presse officielle chinoise appelle de ses vœux, comme par exemple l'article du *Quotidien de la Jeunesse chinoise (Zhongguo Qingnian Bao)* de Pékin, du 9 septembre 1991.

QUATRIÈME PARTIE

LA DIMENSION ÉCONOMIQUE

Chapitre I

LES FONDEMENTS DE L'ACTIVITÉ ÉCONOMIQUE

Un dispositif associatif très étoffé, pour partie hérité de la tradition des provinces méridionales de la Chine, une pratique très élaborée du crédit communautaire — l'un et l'autre étant désignés par le même sinogramme *hui,* mot-clé de l'organisation économique de la diaspora — et, à partir du début du XXe siècle, un réseau de Chambres de commerce et de banques constituent les fondements essentiels du développement de l'activité économique de la diaspora chinoise. L'ensemble fonctionne sur le concept et par la pratique du *xinyong (hsin-yung)* qui englobent la « confiance », le « crédit », la « réputation » qui fondent la personne. On n'aurait garde bien sûr d'oublier qu'à la base de tout l'édifice se trouve la famille *(jiajing),* le plus souvent sous sa forme élargie, ce que souligne bien l'adage : « Qui veut fonder une entreprise fonde d'abord une famille. »

I. — Les formes d'organisations

Elles se sont développées à partir d'un temple, ou par substitution aux sociétés secrètes interdites à partir de la fin du XIXe siècle[1], tant dans le droit fil de structures mises en place sur le Continent que par la nécessité de rompre l'isolement des migrants pris, en Asie du Sud-Est, entre les sociétés autochtones et les puissances coloniales, ou affrontés au racisme ailleurs.

1. **Les organisations géodialectales** *(Diyuan huiguan)*. — Elles ont en général, semble-t-il, une certaine antériorité sur toutes les autres tant sont fondamentaux en Chine et plus encore dans son émigration, le localisme et la famille dialectale. On a vu les fondements dans la première partie ; elles regroupent des « pays », d'abord au niveau du village d'origine, puis du district *(xian)* pour aboutir aux puissantes *associations provinciales* et *géodialectales* comme celle des *Chaozhou* qui a tenu récemment son congrès international à Paris.

2. **Les organisations lignagères ou clans** *(Shizu Zhongqin tuanti)* qui regroupent, autour du temple des ancêtres, les personnes dotées d'un même patronyme[2]. Séculaires en Chine, elles se sont prolongées outre-mer à partir du début du XIXe siècle. Culte des ancêtres, intégration des nouveaux immigrants, scolarisation des plus pauvres, entretien des cimetières ou organisation des enterrements au pays natal, entraide dans son ensemble furent les fonctions essentielles de ces organisations. Le coup d'arrêt donné à l'émigration en 1949, le point de non retour qui fut atteint, et l'évolution des jeunes générations nées outre-mer étaient de nature à entraîner leur dépérissement ; ce qui fut le cas parfois ; mais d'autres ont été créées dans le même temps (170 par exemple à Singapour entre 1949 et 1979) et beaucoup, depuis l'ouverture de la Chine en 1978, ont pris

1. Qui sont alors passées à la clandestinité et au crime, et qui trouvent de nos jours une nouvelle fortune avec la mondialisation de la diaspora, celle de la drogue et l'ouverture d'un quatrième côté au Triangle d'or, celui que constitue la province chinoise du Yunnan depuis les années 1980.

2. Il y a moins de 3000 patronymes en Chine et le peuple *Han* se désigne aussi par l'expression *laobaixing*, les « cent vieux noms ».

une importance considérable en renouant les liens avec la souche continentale, en jouant un rôle essentiel dans la modernisation et la prospérité des districts du littoral méridional[1], et en fonctionnant à nouveau comme d'efficaces filières migratoires.

3. **Les associations professionnelles** *(Hangye gonghui).* — Elles furent puissantes en Chine depuis la fin des Ming (XVIe siècle) et étendues ou reproduites outre-mer surtout à partir du XIXe siècle, comme elles le furent à Shanghai à la même époque, où elles ont joué un puissant rôle intégrateur dans la nouvelle société urbaine. Artisans et ouvriers y trouvent les solidarités socio-économiques qui leur sont nécessaires, tout comme les patrons — les *towkay (tongjia* ou *tong-ka)* — les ont trouvées dans les associations commerciales assurant l'import-export. Paradoxalement, ces organisations plus modernes ont reculé plus vite que les précédentes, avec la transformation contemporaine des structures et des activités économiques plus rapides que celles de la sociologie de la diaspora.

4. **Les associations culturelles et récréatives** *(Wenhua, Kangle shetuan).* — Elles se sont, au contraire, multipliées au XXe siècle avec le rajeunissement des générations, l'interdiction des autres formes d'association dans certains Etats de la diaspora, et aussi le besoin de remédier un peu au vide culturel ambiant, comme celui de Singapour par exemple. Elles sont les plus diverses — clubs de sports, d'arts, de musique, de *mah-jong (majiang),* associations d'anciens élèves... —, elles n'en sont pas moins le plus souvent groupées selon le principe du localisme ou du lignage.

1. Comme, par exemple, le clan *Guan* qui, à partir des Etats-Unis, du Canada et de Hong Kong a transformé depuis 1978, 40 villages dans le delta cantonais ; cf. Yuen-fong Woon, Social Changes and Continuity in South China : Overseas Chinese and the *Guan* Lineage of Kaiping Country, 1949-1987, *The China Quarterly,* n° 118, juin 1989, p. 325-344.

5. **Les organisations religieuses** peuvent fonctionner autour de divinités bouddhiques, taoïstes, confucianistes et régionales du sud chinois, ou propres à la diaspora, soit à l'intérieur des organisations précédentes (1 à 3), soit dans des temples collectifs de grande envergure, soit dans des temples de communautés de quartier. Comme le soulignent Claudine Salmon et Denys Lombard :

> « Il est tout à fait remarquable de voir se multiplier à l'époque contemporaine ces temples ancestraux qu'on pouvait croire appartenir à un certain passé. Il ne s'agit pas tant bien sûr de rendre un culte aux ancêtres que de mettre au point un système d'entraide dans les limites étroites qu'autorise la législation [en Indonésie]. »[1]

Ce sont là, par conséquent, de puissants canaux d'intégration et d'activités, d'autant plus que chaque membre de la diaspora appartient généralement à plusieurs de ces organisations. Leur insertion dans les économies les plus modernes en Asie du Sud-Est, et ailleurs, a pu les faire évoluer plus ou moins, mais leur rôle reste très important :

— à *Singapour,* les associations étaient plus de 1 000 en 1975, dont 253 culturelles et récréatives, mais encore 337 lignagères et géodialectales et 122 religieuses ;

— à *New York,* B. P. Wong[2] en a montré, en 1982, la vitalité dans l'évolution : 59 associations de type traditionnel, héritières de la période 1869-1890 et coordonnées par la *Consolidated Chinese Benevolent Association,* 200 nouvelles associations qui échappent à cette tutelle et qui procèdent surtout de l'émigration depuis 1965 (leurs fonctions sont surtout sociales et ludiques) et un cortège mouvant de clubs, syndicats et organisations diverses relevant de la

1. Cl. Salmon, D. Lombard, *Les Chinois de Jakarta, temples et vie collective,* Cahiers d'Archipel 6, SECMI, Paris, 1977, p. 26. Etude monumentale.

2. *Chinatown, op. cit.*

seconde génération née aux Etats-Unis qui les veut comme autant de ponts lancés entre Chinatown et la société américaine dans son ensemble ;

— en *France,* moins de dix ans après l'installation des communautés sino-indochinoises dans le XIIIe arrondissement de Paris il y avait déjà une douzaine d'associations de nature diverse, dont le nombre doit être aujourd'hui multiplié par trois ou quatre.

II. — Le crédit communautaire

Il fonctionne dans le cadre de mutuelles d'épargne et de crédit répandues en Asie et Afrique, et connues sous le nom de *tontines,* désignées en chinois par *« hehui »*[1]. Les formules de la tontine chinoise sont diverses, mais selon un seul et même principe général : la réunion, fondée sur le *« xinyong »,* d'une vingtaine de personnes ou davantage à l'initiative d'un garant *(huitou)* qui souhaite réunir une certaine somme d'argent ; le fonds commun ainsi constitué peut être levé à tour de rôle par tirage au sort ou par enchères ; c'est donc à la fois une forme de crédit mutuel et un *jeu,* d'où son succès universel dans les communautés chinoises ; le prêt prioritaire étant allé à l'initiateur, les participants pourront à tour de rôle bénéficier, s'ils le souhaitent, d'un prêt gagé à moindre frais sur leur épargne constituée par les cotisations. Formules souples et complexes à la fois, les tontines chinoises ont joué et continuent de jouer dans l'ensemble de la diaspora un rôle tout à fait essentiel tant pour la mobilisation de l'épargne, le financement immédiat et à moindre coût d'une activité économique que pour le fonctionnement des relations sociales, dont elles sont une manière de capitalisation ; au-delà de la durée de la tontine elle-même, en effet, l'initiateur s'oblige à participer à toutes celles qu'initie-

1. Cf. la savante étude de Thierry Pairault, Approches tontinières, in *Etudes chinoises,* printemps 1990, 1re partie, p. 7-34 et automne 1990, 2e partie, p. 75-130.

rait un jour ou l'autre chacun des participants qu'il avait recrutés. L'exemple d'un M. Lai étudié par Thierry Pairault[1] illustre admirablement la fonction économique de la tontine et, au-delà, le processus d'intégration et de mobilité qui caractérise la diaspora :

« M. Lai, ainsi qu'il se décrit lui-même, est arrivé en France vers la fin des années 1970, il avait alors environ 25 ans, il possédait un niveau d'études secondaires et laissait une fiancée au pays. A Paris, il commence par s'employer dans l'entreprise d'importation de son beau-frère installé en France depuis la fin des années 1960. Ayant stabilisé sa situation, il fait venir sa fiancée et l'épouse. En 1983, ils décident tous deux d'ouvrir un restaurant. Ils rachètent le fonds de commerce d'un restaurant français pour 200 000 F, 45 000 F proviennent de leurs économies et 155 000 F de l'organisation d'une tontine. Cette première tontine remboursée, ils décident en 1985 de financer l'aménagement et l'embellissement de leur restaurant par l'organisation d'une nouvelle tontine ayant les mêmes caractéristiques que la précédente et faisant appel à peu près aux mêmes personnes. A la fin de l'année 1988, estimant avoir complètement amorti leur investissement initial et ayant remboursé tous leurs emprunts, les époux vendent leur fond de commerce à un compatriote pour la sommes de 600 000 F. Après quelques mois d'inactivité professionnelle (agrémentés de parties de mah-jong qui obligent M. Lai, afin d'éponger ses dettes de jeu, à lever une tontine dont il n'était qu'un simple participant), les deux époux rachètent le fonds de commerce d'un restaurant asiatique pour une somme d'environ 1 000 000 F qu'ils financent ainsi : 500 000 proviennent des 600 000 de la revente de l'ancien restaurant[2], 360 000 d'une nouvelle tontine[3] et 200 000 F d'un prêt bancaire, innovation montrant la promotion sociale de M. Lai. »

III. — Chambres de commerce, banques et réseaux financiers

Ce sont les institutions modernes de l'activité économique, que l'on reverra au chapitre III, mais qui

1. *Etudes chinoises*, vol. IX, n° 2, automne 1990, art. cité, p. 119.
2. Les mois d'inactivité, le jeu et le *shopping* de Mme Lai ont non seulement épuisé les économies du ménage mais aussi écorné de 100 000 F le capital.
3. 36 participants apportant chacun 10 000 F.

se sont développées dans le prolongement des organisations précédentes, essentiellement à partir du début du XXe siècle.

Les Chambres chinoises de commerce (Zhonghua shanghui) sont apparues au tournant du siècle à l'initiative de ceux des émigrés qui avaient déjà fait fortune dans les affaires. On peut considérer ainsi en quelque sorte, qu'elles bornent le passage à « l'accumulation primitive du capital » dans le processus du développement économique de la diaspora. Leur encadrement était généralement, proportionnel aux effectifs des différents groupes géodialectaux et recouvrait toutes les organisations professionnelles, sans se désintéresser pour autant d'action sociale (hôpitaux, écoles) et d'œuvres philanthropiques. Le modèle en est celle de Singapour fondée en 1906, qui fit aussi fonction de représentant de la diaspora en Asie du Sud-Est auprès du nouveau gouvernement de la République de Chine en 1911. Elles se sont perpétuées mais le rôle économique essentiel est désormais celui *des banques et des réseaux financiers.* Les banques chinoises d'outre-mer sont nées à Singapour, Manille, Bangkok, Cholon-Saigon... entre 1907 et les années 1930. Singapour, par exemple, compte aujourd'hui au moins quinze banques chinoises qui ont établi un réseau de quelque soixante-dix succursales dans l'ensemble de l'Asie du Sud-Est, à Hong Kong, à Taipei, à San Francisco, à Sydney... Les réseaux financiers se sont considérablement développés, y compris avec la Chine populaire depuis les années 1980 ; ils mettent en œuvre les méthodes et les techniques les plus modernes, mais sans oublier le concept et la pratique du *« xinyong »* qui simplifie souvent à l'extrême les procédures, leur assure une extrême fluidité, une grande pénétration et beaucoup d'opacité.

Chapitre II

SECTEURS ET FORMES D'ACTIVITÉ

I. — Traits généraux

Petits planteurs ou pêcheurs en Malaisie, physiciens ou spéculateurs immobiliers en Amérique du Nord, dockers ou cols blancs à Singapour, maroquiniers à Paris ou industriels à Bangkok, boutiquiers et restaurateurs un peu partout, les Chinois de la diaspora sont présents dans tous les secteurs d'activité, se répartissent dans toutes les catégories socioprofessionnelles et œuvrent aussi bien au fond d'une boutique qu'à la tête d'une banque. Pareil déploiement procède, on l'a vu, des échelles historiques, géographiques et humaines, et de *structures familiales et communautaires* extraordinairement efficaces ; structures d'autant plus efficaces que fondées sur des vertus de frugalité, d'endurance, d'épargne et de mobilité professionnelle[1].

L'activité commerciale inhérente au fait chinois, dès ses origines dans le Nanyang, devient une fonction majeure à la faveur de l'ère coloniale qui s'ouvre à la fin du XVIIIe siècle : les Chinois s'affirment dès lors, dans les villes et dans les campagnes qu'ils ont pu pénétrer, comme les indispensables et très efficaces *intermédiaires* entre les sociétés agricoles autochtones et les implants coloniaux : collecteurs de riz, de latex et autres matières premières dans les campagnes où ils

1. Dont on a fait trop souvent des clichés attachés aux Chinois; elles n'en sont pas moins le plus souvent bien réelles, sans être propres à la seule diaspora chinoise.

écoulent, en retour, des biens manufacturés produits par les Européens (puis par les Chinois eux-mêmes) ; marchands de gros, petits commerçants, artisans puis industriels dans les nouvelles économies urbaines. C'est une rente de situation qui n'a pu toutefois fructifier et perdurer à de telles échelles que grâce à ces autres caractères constitutifs de la diaspora chinoise que sont la mise en œuvre systématique des filières géodialectales et un sens aigu de l'opportunisme prolongé par une formidable capacité d'adaptation.

Les *filières géodialectales* ont joué un rôle essentiel dans la mise en place de la diaspora, tant dans sa répartition géographique que dans la constitution de véritables monopoles : commerce du riz *teochiu* en Thaïlande ou *cantonais* au Vietnam, commerce *hokkien* du caoutchouc en Malaisie et en Indonésie, herboristeries *hakka* et débits de boissons *hainanais* un peu partout, par exemple. Dispositif et pratiques que l'évolution historique et économique contemporaine a bien sûr modifiés, oblitérés ou brassés, mais qui peuvent encore s'inscrire « en pointillé » et se réactiver comme le montre bien, par exemple, la résurgence récente à Paris de la filière *Wenzhou* après un demi-siècle de tarissement...

Les structures familiales et les pratiques associatives favorisent également souplesse et rapidité d'adaptation ; c'est en particulier *une étonnante capacité de « rebonds »* après tout bouleversement conjoncturel, « rebonds » dont les ressorts essentiels sont *l'opportunisme, le pragmatisme et l'ingéniosité* qui caractérisent l'humanité chinoise.

Ainsi par exemple à Rabaul[1], dans l'archipel Bismarck (Papouasie - Nouvelle-Guinée) où en 1945 les rescapés chinois des camps japonais, ruinés, ont su immédiatement répondre à l'engouement de leurs libérateurs australiens pour les « souvenirs

1. David Y. H. Wu, *The Chinese in Papua New Guinea, 1880-1980,* Hong Kong, 1982, p. 73 sq.

de guerre » constitués par les uniformes, drapeaux et autres dépouilles des troupes du Mikado : collecte dans la jungle des innombrables parachutes abandonnés par les Japonais, transformation des tissus en trophées dans une chaîne d'ateliers de confection, et commercialisation sur ce nouveau marché captif...

II. — Boutiques et ateliers

La boutique, urbaine ou rurale, le restaurant et l'atelier de confection (et la blanchisserie en Amérique) sont des emblèmes de la diaspora chinoise ; ils en manifestent particulièrement bien la base familiale dans la mesure où, là mieux qu'ailleurs, lieu de résidence et lieu de travail sont confondus, comme sont largement confondus les budgets. Ce sont ces activités de base qui ont permis aux communautés chinoises de s'insérer, au moins au tissu économique, en se rendant souvent indispensables. Ainsi, dans ce village de Tahiti décrit par Albert T'serstevens[1] :

« C'est autour et dans la baraque sordide du plus achalandé des deux Chinois que se concentre toute la vie de la bourgade, une allée et venue continuelle de femmes et d'enfants qui viennent acheter tout ce qu'il faut de produits alimentaires ou autres, non pas pour la journée mais pour le moment ou la minute. On vient chercher du vinaigre dans le fond d'un verre, une cuillerée de beurre dans une soucoupe, la cinquième partie d'une barre de savon, du pétrole dans une petite gamelle, une aiguille, une brasse de ficelle. Le Tinito [le Chinois], inlassable, sert tout cela sans rechigner : son bénéfice augmente dans la mesure où la marchandise se réduit. On vient aussi lui emprunter son entonnoir, car il est le seul dans tout le village à en posséder un, comme il détient la seule balance, le seul mètre à mesurer et le seul moulin à café. Cette boutique délabrée du Chinois est aussi le forum, le grand centre d'information de tous les commérages. Les acheteurs ne représentent qu'une minime partie du public qui se presse autour du comptoir installé sur des caisses, sur des sacs, sur le comptoir lui-même, ou qui musarde sous la galerie de bois vermoulu, assis sur le plancher, sur les marches de l'escalier ou

1. A. T'serstevens, *Tahiti et sa couronne,* Paris, Albin Michel, 1950.

accroupi sur ses talons. A certaines heures de la journée, c'est une vraie foule au milieu de laquelle le Chinois somnole, sa femme chinoise rouspéteuse et sa fille chinoise active comme une fourmi, débitent sans hâte leurs menus articles subdivisés en fragments profitables. »

On notera que la boutique chinoise peut apparaître ainsi comme l'ancêtre des « supermarchés »... En milieu urbain, restaurants et ateliers ont pris de plus en plus d'importance car ce sont les activités à base familiale qui répondent le mieux à la demande actuelle, tandis que la boutique tend à s'effacer devant la concurrence tant des grandes surfaces que celle d'autres communautés immigrées. Mais tandis que restaurants et boutiques sont les facteurs essentiels du « marquage visuel » de l'implantation chinoise, les ateliers dérobent aux regards une activité autrement plus considérable, une occupation de l'espace qui peut être phénoménale :

« Au cours d'une visite dans une ruelle tranquille d'un quartier résidentiel de Cholon, bordée par une douzaine de compartiments d'habitation, il a été relevé deux firmes de tissage totalisant 17 métiers à tisser dont deux électriques et employant cinquante ouvrières ; une fabrique de brillantine qui imitait à s'y méprendre les produits de la marque Yardley ; un cordonnier qui travaillait pour le compte d'un magasin de chaussures [...] ; un atelier de vannerie occupant deux compartiments qui communiquent [...] et où s'affairaient douze ouvrières ; une petite entreprise de production de pâtes fraîches comprenant sept personnes ; une fabrique de sauce de soja dont le personnel comprenait tous les membres adultes ou adolescents des deux familles habitant le compartiment, soit neuf personnes ; [...] un compartiment transformé aux trois-quarts en une grande cuisine où le chef, aidé par six jeunes femmes, confectionnait des gâteaux de riz gluant [...], enfin, une minuscule clinique d'accouchement pourvue de quatre lits dont trois étaient occupés. Le contraste est saisissant entre cette vie intense, laborieuse et grouillante à l'intérieur des compartiments, et la ruelle tranquille, oisive et inondée de soleil. »[1]

1. Tsai Maw-kuey, *Les Chinois du Sud-Vietnam, op. cit.*, p. 85-86.

III. — Firmes et groupes

Ils se sont développés également selon *le mode de gestion familiale* qui laisse à la famille fondatrice la direction et le contrôle des activités. Le fondateur, *self made man* sans formation initiale particulière, y exerce un pouvoir de décision incontesté, transmis par sa parentèle et ses proches chargés de l'encadrement et placés à la tête des filiales, le cas échéant. Mais la croissance des grands groupes transnationaux et la multiplication des filiales ont appelé la promotion de *managers* sans lien avec la famille fondatrice, mais recrutés en raison de leur spécialité ; les héritiers eux-mêmes sont de plus en plus nombreux à recevoir une formation dans les *business schools* américaines, canadiennes, britanniques et australiennes ; ils continuent de respecter l'autorité du fondateur tout en introduisant une conception nouvelle du management. Si le modèle traditionnel reste encore dominant, la formidable croissance économique de l'Asie orientale, les liens de plus en plus nombreux avec les firmes et groupes japonais et occidentaux conduisent à une transformation progressive des groupes chinois en *multinationales classiques,* dont ils ont d'ailleurs inventé le principe bien avant la lettre, comme les boutiques ont précédé nos supermarchés.

1. **Processus de développement.** — L'histoire et la géographie que l'on a vues font que de nombreux groupes se sont développés *à partir du commerce des produits agricoles,* avec intégration verticale ; c'est le cas de quelques-uns des groupes les plus puissants de l'Asie, comme Kuok Brothers en Malaisie qui compte dix sociétés cotées en bourse, des chaînes d'hôtels, etc., à partir du commerce du *sucre* ; Charoen Pokphand, empire agro-alimentaire thaïlandais (dirigé par Chia Kuo Min) prolongé en Chine et en Europe à partir d'une boutique de grains ; ou Lee Seng Wee, la plus grosse fortune de Sin-

gapour, fondateur d'Overseas Chinese Banking Corp. et de Lee Rubber, à partir de l'hévéa, etc. Une nouvelle génération s'est tournée d'abord vers *l'importation* de produits manufacturés et la *représentation* de fabricants américains, japonais et européens en Asie du Sud-Est[1] ; ces firmes se sont trouvées ainsi, le moment venu, les partenaires privilégiés pour assurer les activités d'assemblage devant aboutir à la pénétration du marché local et surtout à l'exportation ; elles ont ensuite investi elles-mêmes dans des productions à faible contenu technologique, mais dans des secteurs en forte croissance : textiles, cuirs, jouets, petite électronique. Ainsi s'est développé le processus qui a contribué[2] à l'essor des *Nouveaux pays industrialisés* (NPI) d'Asie et qui, transposé sur le Continent chinois, contribue aux taux de croissance faramineux de la République populaire, au début des années 1990 ; au prix de l'exploitation massive mais désormais *in situ* des nouveaux *coolies* (y compris les bagnards et les enfants) et du désastre social de l'Occident industriel privé d'emplois[3]. Toute cette évolution a abouti au sein de la diaspora à la création d'ensembles complexes de sociétés aux activités diversifiées et contrôlées par des holdings.

2. **Dimensions internationales.** — L'expansion des firmes chinoises outre-mer s'est faite, pour beaucoup,

1. On retrouve là la fonction historique de Chinois en Asie du Sud-Est, à l'interface de l'Occident et de l'Extrême-Orient.

2. Le rôle de l'Etat ayant été décisif, à Singapour comme à Taiwan.

3. Situation dont ne sont pas responsables les Chinois de la diaspora ; leur génie traditionnel dans leur situation historique *d'interface* entre l'Asie orientale et l'Occident, n'a fait que répondre à une conjoncture où l'idéologie du profit à tout prix transforme les Républiques « populaires » et « démocratiques » en entreprises d'exploitation illimitée du travail humain, et les « démocraties » occidentales en déserts politiques. Intégration bancaire et diversification sectorielle, géographique, internationale, sont les caractères fondamentaux des plus grands groupes, tel le groupe Hong Leong développé à partir d'une société de commerce de matériel de construction fondée à Singapour en 1941 par Kweck Hong Peng (cf. tabl. 5).

par achat de sociétés existantes visant à la constitution d'un monopole ou d'un oligopole sur un secteur d'activité donné ; cette stratégie a été particulièrement favorisée par les liens familiaux élargis, les filières géo-dialectales et parfois des liens avec le pouvoir politique (cf. chap. III). Ces groupes transnationaux ont pertinemment répondu à la nouvelle conjoncture internationale et au phénoménal développement de l'Asie orientale en cette fin de siècle, en réalisant une nouvelle diversification *vers le secteur tertiaire supérieur,* faisant de Hong Kong et de Singapour les nouvelles grandes places financières internationales, débarrassées des activités productives banales « délocalisées » en Chine et dans différents pays de l'Asie du Sud-Est, et vers *l'immobilier* qui a toujours été, il est vrai, un secteur de prédilection (profits rapides) des groupes chinois, mais qui prend de nos jours une ampleur considérable[1], devenant une composante importante et même parfois hégémonique de leurs activités.

1. Avec surtout l'immensité du marché de la Chine continentale, où tout restait à faire encore en 1980, et où tout est permis...

Tableau 5. — **Le groupe Hong Leong**

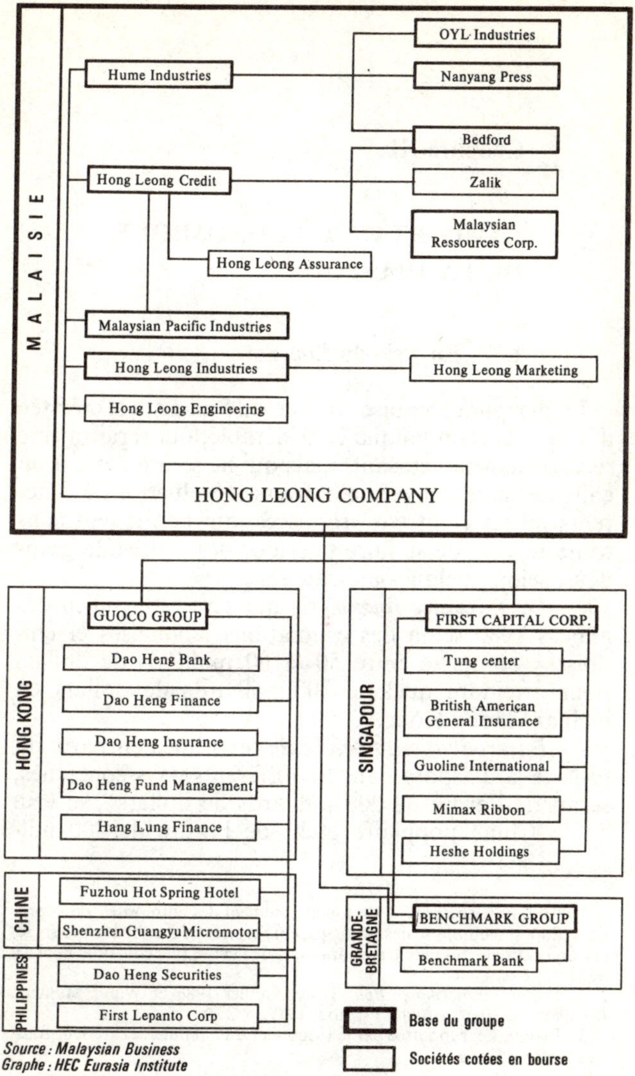

D'après E. Bouteiller, *Les Chinois de la diaspora,* HEC-Eurasia Institute, 1992, vol. 1, p. 38.

Chapitre III

L'IMPORTANCE ÉCONOMIQUE DE LA DIASPORA

I. — En Asie du Sud-Est

La diaspora chinoise en Asie du Sud-Est est créditée d'un poids économique considérable, qui serait même sectoriellement écrasant, mais qui ne se prête pas à un chiffrage précis et vérifié[1] ; diverses évaluations à différents niveaux ont été proposées, qui permettent sous toute réserve de se faire une idée des ordres de grandeur, selon quelques indicateurs :

— *La puissance financière,* qui serait au milieu des années 1980 selon des estimations japonaises et chinoises[2], comprise entre 50 et 60 milliards de dollars pour atteindre quelque 100 milliards de dollars en incluant Hong Kong.

— *La production de richesse,* exprimée en parts du PNB de la diaspora dans les différents pays concernés, serait de l'ordre de 200 milliards de dollars[3] ; le PNB de la Chine populaire étant de l'ordre de 300 mil-

1. En raison de l'opacité du fonctionnement des entreprises, de la pratique du « prête-nom », des participations croisées dans différentes sociétés, de l'extrême mobilité transnationale, de l'écran que constitue la place de Hong Kong, etc.

2. *Seikai Kesai Shoyo Ron,* Tokyo, juillet 1986 et Wang Muheng, *Dongnan Ya Huaren Jingji,* Fuzhou, 1989, p. 27.

3. Estimation rapportée par le Conseiller du Commerce extérieur français à Hong Kong.

liards de dollars mais pour une population *cinquante fois plus nombreuse,* le rapprochement est saisissant et souvent souligné, mais il compare une population encore à 70 % paysanne en RPC, à une diaspora massivement urbaine, marchande et industrielle ; il accuse bien, néanmoins, deux stades de développement fort éloignés.

— *L'importance sectorielle*[1] *:* 60 à 70 % du capital privé en Indonésie et en Malaisie, 90 % des investissements industriels en Thaïlande, les deux tiers des ventes des Philippines, l'essentiel du commerce de détail et de gros un peu partout (sauf en Indonésie) et la quasi-totalité du commerce et de l'artisanat au Cambodge et au Sud-Vietnam avant 1975, etc., relèvent de la diaspora.

— *La part chinoise dans la capitalisation boursière :* 61 % en Malaisie, 73 % en Indonésie, 81 % à Singapour, 89 % en Thaïlande[2].

— *La puissance bancaire :* plus de 100 banques entièrement ou partiellement contrôlées par la diaspora, dont 45 en Indonésie, 19 en Malaisie, 14 à Singapour, 14 en Thaïlande, 13 aux Philippines... En 1983, sur les 12 plus grandes banques du monde (> 1 milliard de dollars) 5 étaient chinoises, dont 2 à Singapour et les autres en Thaïlande, Malaisie et Indonésie. Singapour qui est devenue une des grandes places bancaires du monde, est depuis longtemps une base essentielle du rayonnement bancaire de la diaspora, comme le montre le tableau 6.

1. Sources diverses : Yuan-li Wu et Chun-hsi Wu, *Economic Development in Southeast Asia, op. cit.* ; Eric Bouteiller, *Les Chinois de la diaspora,* HEC Eurasia Institute, Paris, Hiver 1991-1992, vol. 1 ; Wang Muheng, *Dongnan Ya Huaren Jongji, op. cit.* ; Notes des postes d'expansion économique près les ambassades de France en Asie.

2. D'après la Foundation for Advanced Information and Research, Tokyo, septembre 1991.

Tableau 6. — **Le réseau bancaire chinois de Singapour**

Sièges	Date de fondation	Implantations en Malaisie	Succursales dans le monde	Représentations
Four Seas Communication Bank	1907	---	Bangkok, Hong Kong	---
Asia Commercial Bank	1918	---	---	Jakarta, Hong Kong
Overseas Chinese Banking Corp.	1919	25	Bangkok, Hong Kong, Shanghai, Xiamen, Tokyo, Osaka	New-York, Sydney
Tat Lee Bank	1926	---	---	Hong Kong, Jakarta, Tokyo
Ta Hua Bank	1935	1	Hong Kong, Séoul, Tokyo, Londres, New-York, Los Angeles, Sydney	---
Industrial and Commercial Bank	1935	---	Hong Kong	Tokyo
Overseas Union Bank	1949	12	Hong Kong, Brunei, Tokyo, Osaka, Londres, New-York, Los Angeles, Syndey	Sydney, Pékin, Shenzhen
Chung Khiaw Bank	1950	17	Hong Kong	---
International Bank of Singapore		---	Manille, Taipei, Séloul	Jakarta, San Francisco
Development Bank of Singapore		---	Hong Kong, Tokyo, Osaka, Séoul, Londres, New-York, Los Angeles	Hong Kong

Source : Wang Muheng, *Dongnan Ya Huaren Jingji, op. cit.*, p. 45.

L'une des plus anciennes de ces banques — *Overseas Chinese Banking Corporation* (OCBC, 1919) — et l'une des plus récentes — *Overseas Union Bank* (OUB, 1949) — ont une envergure considérable et peuvent être tenues comme très emblématiques de la puissance économique de la diaspora :

— *Le groupe OUB* dont le gratte-ciel octogonal a longtemps dominé le centre des affaires de Singapour a grandi à partir de l'UCB (United Chinese Bank) créé en 1935 par la communauté hokkien ; affaires immobilières en 1958, succursale à Hong-Kong en 1965, investissements dans le textile et dans la nouvelle zone franche industrielle de Singapour (Jurong Estates) et rachats de petites banques chinoises en difficulté au cours des années 1970, internationalisation à partir de 1975... L'UOB est en passe de devenir la principale banque internationale de Singapour et de la région Asie-Pacifique ; elle dispose en 1989 d'un montant de dépôts de 14,4 milliards de dollars de Singapour[1].

— L'*Overseas Chinese Banking Corporation* (OCBC) dispose d'un capital et d'un montant de dépôts du même ordre que ceux ce l'UOB, mais par son ancienneté elle a fonctionné comme la pépinière de nombre de banquiers, d'hommes d'affaires et d'hommes politiques du Singapour colonial. Sa structure et sa direction à caractère familial sont restées remarquablement stables depuis soixante-dix ans, et renforcées par de très nombreux liens par mariages au sein de la *business society* chinoise de Singapour et de Malaisie. Le tableau 6 en montre l'internationalisation du réseau, un peu comme l'UOB, tandis que par ailleurs le groupe forme avec *Sime-Darby*[2] un des plus énormes conglomérats en Asie du Sud-Est, qui coiffe 38 des 100 premières sociétés de Malaisie, et notamment Fraser and Neave, Malayan Breweries, Straits Trading, Lee Rubber, Sendirian Berhad, Wearne Brothers, etc.

Depuis vingt-cinq ans plus de 70 grands conglomérats ont émergé en Asie du Sud-Est, dont une trentaine ont une base familiale qui « pèse » plus de 1 milliard

1. D'après Eric Bouteiller, *Les Chinois de la diaspora, op. cit.*, p. 36-37.

2. Sime Darby Holding issu de la collaboration en 1910 d'un planteur d'hévéa et d'un banquier. D'après Lim Mah Hui *in* Linda Y. C. Lim et L. A. Peter Gosling, *The Chinese in Southeast Asia*, vol. 1, Singapour, 1983, p. 275-311.

de dollars ; quelques-uns des plus éminents de ces *tycoons*[1] milliardaires en dollars sont les suivants :

— *Liem Siæ Liong* (Sœdomo Salim) d'origine hokkien, possède la première fortune d'Indonésie où il contrôle plus de 500 sociétés avec 135 000 employés ; le groupe est leader du secteur bancaire, de la production de plusieurs matières premières agricoles — dont le clou de girofle qui est à l'origine de la fortune de Liem — et il tient une place importante dans l'automobile, la chimie, l'agro-alimentaire, l'immobilier. Il est implanté à Hong Kong, à Singapour, en Chine, en Hollande, aux Etats-Unis, en Russie, etc. Il est étroitement lié à la famille du Président Suharto.

— *Chatri Sophonpanich* (Tang Pik Ching) dont la famille Teochiu contrôle la Bangkok Bank, première de Thaïlande, et quelque 200 sociétés dans les secteurs les plus divers — plantations, transports, immobiliers, hôpitaux, etc.

— *Robert Kuok,* qui fut le « roi du sucre » et dont le groupe Kuok Brothers est un véritable empire qui s'étend à Singapour, en Malaisie, à Hong Kong, à Manille, à Pékin... Import-export, construction navale, et de plus en plus hôtellerie — chaîne Shangri La[2] — et immobilier (World Trade Center à Pékin) sont quelques-unes des grandes activités du groupe qui comprend une dizaine de sociétés cotées en bourse.

— *Kweck Hong Ping,* hokkien de Singapour, fondateur de la Société Hong Leong (matériel de construction) qui deviendra le groupe du tableau 5 *supra,* en Malaisie et à Singapour où il constitue une des principales puissances financières.

— *Lee Seng Wee,* hokkien de Singapour, a hérité de son père, le fameux Lee Kong Chian, un « empire de l'hévéa » accompagné d'autres plantations ; ce sera la très puissante Lee Rubber et la participation à la Fondation de l'Overseas Chinese Bank Corp. La famille est créditée de la plus grosse fortune de Singapour.

— *William Soerjadjaja* (Tjia Kian Hiong), hokkien né à Java où il débute dans le commerce des vieux papiers. Fondateur du plus grand groupe automobile d'Indonésie — Astra Group — qui emploie quelque 30 000 personnes, en coopération avec Toyota et Daihatsu.

Et bien d'autres...

1. Terme qui désigne les magnats chinois d'Asie orientale; c'est une transcription dialectale du mandarin *dajun,* littéralement « grand dirigeant » ou « patron ».

2. Bali, Bangkok, Cebu, Fidji, Hangzhou, Hong Kong, Jakarta, Kota Kinabalu, Kuala Lumpur, Manille, Pékin, Penang, Shanghai, Shenzhen, Singapour, Taipei, Xi'an.

Une telle puissance n'a pu être généralement garantie que par des *appuis politiques,* allant souvent jusqu'à la collusion, que les *tycoons chinois* ont su très habilement se ménager, sans pour autant se « mouiller » en politique politicienne[1] ; une telle attitude constitue une des caractéristiques essentielles — une des conditions aussi — de la pratique chinoise en Asie du Sud-Est.

Ainsi, par exemple :

— *en Indonésie,* où le phénomène est « structurel », le meilleur exemple est celui du groupe Liem Siœ Liong lié au président Suharto par les intérêts de Madame dans les minoteries, par ceux d'un parent de Madame dans les cimenteries, par ceux du frère de lait du président dans un groupe bancaire, par ceux des fils et fille du président dans une société financière ;
— *en Malaisie*[2], le groupe Kuok[3] a soigneusement réparti les postes de directeurs des différentes sociétés entre l'aristocratie malaise, les militaires, les hauts fonctionnaires et même un membre de la famille royale de Johore, tandis que le frère du fondateur Philip Kuok a occupé des postes d'ambassadeur de Malaisie en Allemagne et au Benelux. L'ancien secrétaire général du ministère du Commerce et de l'Industrie est le PDG des aciéries William Cheng, le beau-père des deux précédents premiers ministres est directeur de sociétés dans les groupes chinois Mui, Genting et Paramount Corp., etc. ;
— *en Thaïlande,* la participation des militaires et de leurs familles est généralisée et, par exemple, les

1. Sauf cas d'espèce, comme au Sud-Vietnam, où ils ont dû suivre les Américains dans leur retraite en catastrophe.

2. Heng Pek Koon, *in* R. McVey (éd.), *Southeast Asian Capitalists,* New York, 1992, p. 127-144.

3. Qui de plus, en novembre 1993, prend le contrôle du *South China Morning Post,* un des quotidiens les plus populaires de Hong Kong ; M. Kuok est par ailleurs fort bien introduit à Pékin...

quatre premiers groupes bancaires du pays, tous chinois, s'appuyent sur le « patronage » de généraux de renom.

Une telle attitude s'illustre tout particulièrement à *Hong Kong* depuis quelques années : alors que le petit peuple et surtout les classes moyennes s'inquiètent de plus en plus du sort qui les attend avec la réunification de 1997, tandis que certains *yacht people* et divers capitaux prennent le large, les plus puissants *tycoons* sont devenus les meilleurs alliés des communistes de Pékin et les affaires sont plus prospères que jamais.

II. — **En Occident**

La diaspora ne compte encore dans les « Pays neufs » et en Europe que le cinquième de ses effectifs, et les économies d'accueil, très différentes de celles des pays du Nanyang, ne se sont pas prêtées à un déploiement des activités chinoises comparable à celui de l'Asie du Sud-Est. Ainsi jusqu'aux années 1980, plus ou moins, l'activité chinoise en Occident est restée essentiellement, et ici ou là exclusivement, une activité de *restauration* et de *blanchisserie,* et secondairement de *confection, maroquinerie* et autre artisanat, dans un *cadre familial.* Quelques grandes affaires n'ont pas manqué pour autant, telle la *National Dollar Stores Ltd,* chaîne de 54 magasins de confection en Californie et à Hawaï créée en 1928 par Joe Shoong, à partir d'affaires développées à la suite du grand séisme de San Francisco, ou la *Wah Chang Trading Corp.* créée par K. C. Li en 1916 à New York pour le commerce des métaux non ferreux ; mais ce n'est qu'après la Seconde Guerre mondiale qu'un changement d'échelle devient très manifeste, avec les nouveaux liens intervenus entre la Chine nationaliste retranchée à Taiwan et les Etats-Unis. C'est ainsi que des Chinois de Californie prennent pied dans la construction navale puis dans les compagnies maritimes, en particulier les flottes de tankers qui vont approvisionner Taiwan ; c'est la constitution d'une *intelligentsia* chinoise en Californie, d'une brillante communauté scientifique surtout, qui se mesure non seulement par un prix Nobel mais aussi par le développement de quelque 200 sociétés informatiques dans la Silicone Valley, et l'accession au rang des 500 premières entreprises américaines des Laboratoires Wang, fabricants de petits ordinateurs. L'ouverture de la Chine des années 1980 et l'échéance de 1997 pour Hong Kong ont provoqué comme on l'a vu un nouvel élan migratoire vers les « Pays neufs », accompagné alors d'un afflux de capitaux. C'est une nouvelle dimension qui, tout en revivifiant les *chinatowns* et leurs structures et activités traditionnelles, se manifeste très activement dans l'activité bancaire et la spéculation foncière et immobilière. Plus de 3 milliards de dollars ont été investis de 1974 à 1988 aux Etats-Unis, essentiellement sur le marché de l'immobilier, dont plus des deux tiers à New York et en Californie ; depuis 1981, 5 banques chinoises d'Asie du Sud-Est et 2 banques de Hong Kong ont ouvert 11 succursales dans la *chinatown* de New York, tandis que des Taiwanais ont pris part à la création ou à l'acquisition de quelque 45 banques, essentiellement à San Francisco, Los Angeles et New York[1] ; la même évolution peut être observée au Canada (15 milliards de dollars depuis cinq ans) et pourrait bien s'accélérer un jour à Sydney qui a ravi à Pékin les Jeux olympiques de l'an 2000 mais que les capitaux chinois ne bouderont pas pour autant... ; plus de 10 milliards de dollars y ont été investis jusqu'en 1990, en quasi-totalité de Singapour ou de Hong Kong, mais à 80 % en placements financiers.

1. J.-C.-C. Lin; K.-B. Chan, *in* La diaspora chinoise en Occident, *Revue européenne des migrations internationales,* vol. 8, n° 3, 1992, p. 73-89 et 117-138.

En Europe nous n'en sommes pas encore là, et le fait chinois reste essentiellement inscrit dans la restauration, la confection et divers petits commerces. Ainsi à Paris, en 1990, 51 % des 1 700 établissements commerciaux chinois sont des restaurants, le reste étant réparti entre les commerces d'alimentation et une grande diversité de commerces non alimentaires ; la statistique des établissements non commerciaux est plus difficile à établir s'agissant d'ateliers de confection (plusieurs centaines), de maroquinerie (200 à 300), de meubles, de produits alimentaires[1], etc. De grandes sociétés commencent à émerger dont les plus importantes à ce jour sont Paris-Store (CA 500 millions de francs), chaîne de supermarchés et fournisseur de Franprix et Leclerc, et Tang Frères (CA 1 milliard de francs et 450 employés) qui compte également supermarchés et superettes, qui approvisionne Monoprix et qui est devenu le distributeur en gros des produits alimentaires chinois et indochinois à l'échelle européenne.

La Société Tang Frères préfigure-t-elle le futur déploiement européen de la diaspora ? Déjà des agences bancaires chinoises se sont ouvertes dans le « triangle de Choisy », tandis qu'un Chinois de France a contribué à l'introduction d'investissements de la ville de Shunde, un des foyers de l'émigration du Guangdong pour la réalisation du complexe Chinagora de la Porte de Charenton.

III. — « Chinese connection »

L'ouverture de la Chine des années 1980 et, depuis lors, la stabilisation géopolitique actuelle de l'Asie orientale et la croissance confirmée des « nouveaux pays industrialisés » de la zone se traduisent désormais

1. E. Ma Mung, Dispositif économique et ressources spatiales : élément d'une économie de la diaspora, *Revue européenne des migrations internationales, op. cit.*, p. 177.

par un déferlement d'investissements et d'échanges, dans tous les sens, au sein du Monde chinois. Le phénomène le plus spectaculaire se manifeste en Chine populaire — essentiellement sur sa frange maritime — mais les investissements taiwanais en Asie du Sud-Est sont tout aussi considérables et ceux de la diaspora sont multidirectionnels.

Comme le montre la carte 5, *Hong Kong* se situe, conformément à sa vocation géographique et historique, au cœur d'un dispositif où la diaspora est omniprésente mais n'apparaît, bien souvent, qu'en filigrane. Dans ce jeu à quatre — Hong Kong, Chine continentale, Taiwan, Singapour et la diaspora — la donne semble assez bien répartie, et si effectivement l'apport massif d'investissements, venus de toutes parts, en

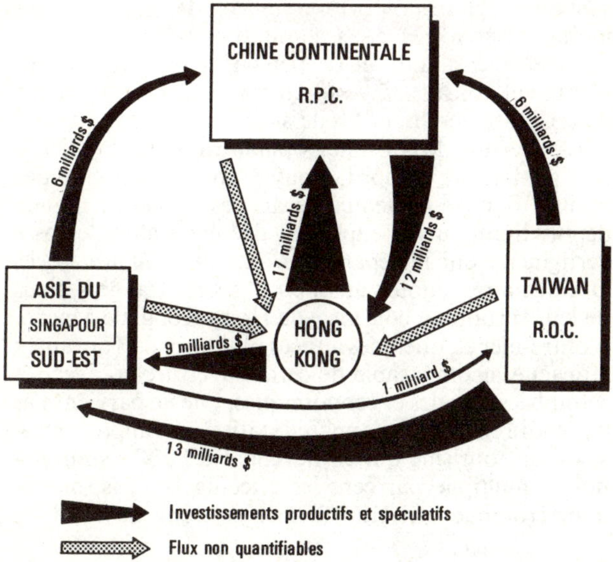

Carte 5. — Les flux de capitaux dans le Monde chinois, 1980-1990

Chine continentale apparaît comme un des phénomènes majeurs de cette fin de siècle, d'autres flux totalisent pourtant des montants supérieurs : de 1979 à 1990 la RPC a reçu du Monde chinois au moins 25 milliards de dollars (soit quelque 80 % des investissements étrangers), mais l'Asie du Sud-Est en reçoit dans le même temps à peu près autant — dont 13 milliards de Taiwan et 8 milliards et demi de Hong Kong — sans préjudice, comme le montre la carte, des flux croisés Hong Kong-Taiwan-Singapour ; et puis ce sont les flux en retour qui font sortir de RPC des sommes considérables mais difficilement comptabilisables, et les mouvements de capitaux de plus en plus nourris qui traversent l'Atlantique depuis Hong Kong, Taiwan et l'Asie du Sud-Est.

1. **Investissements et développement en Chine continentale.** — La recomposition du Monde chinois, ou du moins ses prémices, et sa manifestation principale par les flux de capitaux[1] et de personnes en direction du Continent constituent assurément l'événement majeur de cet Extrême-Orient fin de siècle.

L'ouverture de la Chine populaire à partir de 1979 ce fut, on l'a vu, d'abord, l'ouverture des yeux et des oreilles d'un peuple tenu à l'écart des réalités du monde depuis trente ans ; peuple qui découvre alors le fossé vertigineux qui le sépare non pas des *« laowai »,* ces Occidentaux toujours aussi étranges et étrangers, mais de leurs propres « cousins » de Hong Kong, de Macao, d'outre-mer et, quelques années plus tard, de Taiwan... ; efficacité incomparable de cette ouverture-là, avec ses retombées sociales et économiques, que ne parvient pas à prendre en compte l'appareil statistique : apports massifs d'un tourisme qui en devenant à 80 % « sino-chinois » multiplie par cent les effectifs annuels, manne ininterrompue qui transforme, souvent de fond en

1. Y compris des capitaux investis par les *Triades.*

comble, les villages et les bourgades d'origine de la diaspora, étonnants impacts religieux par un nouveau foisonnement des lieux et des types de culte (nouveaux ou réhabilités), réactivation d'anciennes filières d'émigration, notamment vers l'Amérique du Nord et la France, etc. Tous ces aspects de la recomposition amorcée du Monde chinois sont trop souvent sinon occultés, du moins négligés au profit des phénoménaux taux de croissance qui rappellent la Chine du « Grand bond en avant » mais désormais magnifiée par le FMI, la Banque mondiale et autres nouvelles « consciences » du Monde ; la mutation sociale et idéologique d'un peuple milliardaire n'est-elle pas plus lourde d'avenir que des taux de croissance promis un jour ou l'autre à l'essoufflement ou, qui sait, à l'effondrement ? Il est vrai qu'en apparence croissance et investissements qui la génèrent se prêtent plus aisément à l'outil statistique, et c'est ainsi que comme le montre la carte 5, de 1979 à 1990, la Chine continentale aurait reçu du reste du Monde chinois quelque 25 milliards de dollars sous forme d'investissements industriels, immobiliers, de service et d'infrastructure, dont quelque 17 milliards en provenance de Hong Kong (dont 4 milliards au titre d'œuvres philanthropiques), 5 milliards d'Asie du Sud-Est (diaspora surtout), plus de 3 milliards de Taiwan et moins de 1 milliard de Singapour[1]. C'est loin d'être aussi clair en réalité : les investissements extérieurs de Taiwan, en particulier en RPC, ont fait jusque-là l'objet d'une réglementation sévère et donc souvent tournée, alors que valent les chiffres officiels ? Les investissements en provenance de l'Asie du Sud-Est sont attribués pour l'essentiel aux Chinois de la diaspora mais au seul vu de l'importance économique dont ils sont crédités ; en ce qui concerne

1. L'essentiel de l'appareil statistique du présent chapitre vient de *Issues and Studies,* vol. 27, n° 4, avril 1991, et vol. 29, n° 7, juillet 1993, et des notes des Postes d'expansion économique des ambassades de France en Extrême-Orient.

Hong Kong, la source principale, la pratique est encore plus compliquée puisque la colonie ne publie pas de statistiques officielles de mouvements de capitaux et ne distingue pas les fonds hongkongais *stricto sensu* et les fonds en transit. Ainsi sous l'appellation « Hong Kong » a-t-on aussi bien des investissements de la diaspora, de Taiwan, des sociétés américaines, européennes et autres, et même et surtout, dans une proportion de 20 à 25 % des projets, des *sociétés factices* créées à Hong Kong par des sociétés de RPC qui reviennent investir sur le Continent en bénéficiant ainsi des facilités à l'importation et du régime fiscal privilégié qui sont accordés aux investissements étrangers ! Quoi qu'il en soit Hong Kong et la diaspora ont massivement investi dans la province du Guangdong, l'un des principaux foyers de l'émigration, avec 80 % de l'investissement total soit plus de la moitié des apports effectifs étrangers pour l'ensemble de la Chine. Taiwan arrive à son tour à partir de 1987-1988 et met les bouchées doubles, les projets actuels portant sur 11 000 implantations pour un total cumulé de plus de 6 milliards de dollars. Actuellement ces investissements se répartissent entre le Fujian (d'où sont issus la majorité des Taiwanais) et le Guangdong[1]. La géographie urbaine et littorale du Sud-Fujian et du delta de la rivière des Perles a été ainsi profondément bouleversée depuis la dernière décennie ; ce sont notamment les villes et les bourgades du delta, ces « petites patries » des Chinois d'outre-mer, qui se sont métamorphosées souvent en centres industriels d'importance comme *Foshan, Dongguan* (dont le maire prétend faire un « Los Angeles de l'Orient » au XXIe siècle) ou *Shunde* devenue la capitale du four à micro-onde, du ventilateur et de l'autocuiseur à riz... C'est, à la base, un mouvement massif de *délocalisation* de la première génération industrielle, à

1. Singapour, pour sa part, en est au début. Laissant, pour l'heure, le Sud déjà bien en main, elle dirige ses investissements vers la péninsule du Shandong, au nord, où tout reste à faire.

forte intensité de main-d'œuvre (textiles, jouets, appareils ménagers, etc.) dont Hong Kong et Taiwan se débarrassent vers un Continent où la main-d'œuvre reste une des moins chères du monde. C'est un des aspects de la complémentarité du Monde chinois de cette fin de siècle : surprofits des uns, surtravail des autres...

Depuis quelques années, avec la croissance spectaculaire dans l'apparente stabilité politique et sociale de la RPC le mouvement va plus loin et la diaspora, ou du moins ses grands groupes, s'est lancée dans une véritable stratégie d'implantations et de développement qu'illustre bien l'exemple du groupe *Charoen Pokphand,* l'empire agro-alimentaire sino-thaï :

Arrivé en RPC dès l'ouverture en 1979, le groupe est aujourd'hui un des tout premiers investisseurs étrangers avec un capital investi dépassant le milliard de dollars. Ce fut d'abord la création d'une *joint venture* d'élevage de poulets à Shenzhen, conjointement avec l'Américaine Continental Grain, puis un essaimage dans la province de Guangdong ; de nos jours le groupe est à l'origine d'une cinquantaine d'entreprises en coopération avec la RPC, non seulement dans le domaine agro-alimentaire mais aussi dans celui des industries de transformation et surtout des *motocyclettes* dont CP a su admirablement estimer les promesses d'un marché intérieur qui pourrait être fabuleux. Ainsi ont été créées *Shanghai Ek Chor Motocycle* fabriquant des 125 cm^3 sur technologie Honda, et des 250 cm^3 sur technologie tchèque ; une nouvelle usine est en construction à Pudong, la nouvelle zone économique de Shanghai ; et *Luoyang*[1] *Ek Chor*[2] en coopération avec China North Industries Group, un des principaux conglomérats militaro-industriels de Chine. Les revenus du groupe en 1992 proviennent à 64,6 % de RPC, à 21 % de Turquie, à 13,2 % de Hong Kong et à 1,2 % de Thaïlande.

Mais, très vite, les investissements du Monde chinois sont allés aussi et surtout vers le capital foncier et l'immobilier, cet *eldorado* du marché chinois, qui

1. Ville industrielle de la province septentrionale du Henan, sur un affluent du fleuve Jaune. Ancienne capitale impériale, capitale du tracteur des années 1950 — modèle soviétique — aujourd'hui en faillite.

2. C'est le nom du père du président du groupe ; l'emprise familiale...

s'avèrent générateurs de surprofits autrement plus considérables que ceux du secteur industriel ; c'est ainsi qu'en 1992, année record des investissements en Chine, au moins la moitié des investissements sont allés à de grands projets immobiliers bénéficiant de baux à long terme sur les terrains. Mais pourquoi pas, dans un pays où tout est à construire ? à condition que les infrastructures (transports, énergie, etc.) ne soient pas gravement négligées ; et elles le sont par le souci commun — l'argent — des investisseurs de la diaspora dont le « patriotisme » a des priorités, et de la bureaucratie au pouvoir dont le sens de l'Etat passe d'abord par sa poche. Dans le même temps des flux au moins aussi importants font le trajet inverse, de la RPC vers Hong Kong, sans préjudice d'autres mouvements vers l'Amérique du Nord ou la Suisse...

La partie émergée — 10 à 12 milliards de dollars — vers Hong Kong est constituée de participations dans des sociétés diverses et d'investissements immobiliers, commerciaux et industriels par des holdings d'Etat comme la CITIC (Compagnie chinoise de crédit et d'investissements internationaux), des organismes officiels divers et aussi de nombreuses entreprises privées et de collectivités locales. Ainsi la RPC est-elle devenue le premier investisseur à Hong Kong où elle dispose de plusieurs milliers de sociétés et d'une grande partie du parc immobilier ; les « tontons du Continent », pour les Hongkongais, n'ont pas attendu 1997... ; la partie immergée n'est autre qu'une fuite massive de capitaux de l'ordre de 30 milliards de dollars[1] et qui est le fait des classes dirigeantes et des nouvelles classes aisées de la Chine continentale.

1. D'après Philip Bowring in *South China Morning Post,* 5 juillet 1993, traduit par Jean-Philippe Béja, La Chine à la recherche des milliards évanouis, *Perspectives chinoises,* n° 17/18, juillet-août 1993, p. 10-12.

2. **Investissements et développement en Asie du Sud-Est.** — Le centre du mouvement d'intégration économique est bien évidemment *Singapour,* pôle de sécurité et de stabilité pour la diaspora, confronté longtemps à l'environnement hostile du Sud-Est asiatique. Le grand projet en cours du « triangle de croissance » réunissant l'île-Etat, l'archipel des Riau (Indonésie) et l'Etat de Johore (Malaisie) avec la participation des grands groupes chinois de l'ASEAN et les capitaux taiwanais est tout à fait emblématique du rôle de la diaspora dans le nouvel effort de développement intégré dans la région, « triangle de croissance » dans lequel on pourrait voir par ailleurs le symétrique, toutes choses égales, du « triangle » Hong Kong-Guangdong et Fujian-Taiwan... Le fait le plus nouveau est le déploiement des investissements de Taiwan dans l'ensemble de l'Asie du Sud-Est : jusqu'aux années 1986-1987, les investissements taiwanais étaient massés à 70 % aux Philippines et à Singapour où, comme à Taiwan, la majorité des Chinois est d'origine hokkien (Minnan), mais depuis 1987 plus de 4 000 sociétés ont investi quelque 12 milliards de dollars : investissements qui sont passés en Malaisie de moins de 500 millions en 1988 à près de 2,5 milliards en 1990, en Thaïlande de 200 millions en 1987 à 900 millions en 1989, au Vietnam de zéro en 1989 à plus de 500 millions en 1992, etc.

La grande affaire, par sa signification politique et ses perspectives d'avenir, est assurément l'irruption de Taiwan au Vietnam où, tandis que sévit encore récemment l'embargo américain, des milliers de Taiwanais (hommes d'affaires et touristes) visitent chaque mois le pays et des milliers d'autres sont déjà installés à Hô Chi Minh-ville ; l'active communauté chinoise de Cholon et le tissu industriel taiwanais fait de petites et moyennes entreprises sont autant d'atouts pour l'implantation taiwanaise, ce qui n'exclut pas les grandes affaires comme l'opération conjointe sino-vietnamienne qui édifie la première zone industrielle d'exportation d'Hô Chi Minh-ville, devant accueillir quelque 200 unités d'industries légères venues de Taiwan. C'est aussi la participation de Taiwan au développement des « nouveaux dragons » que sont la Thaïlande et la Malaisie, pays dans lesquels les Taiwanais retrouvent des « cousins » de la diaspora, et ce sont les flux croisés d'Hong Kong-Taiwan-Singapour, etc.

Peut-on parler pour autant d'intégration du Monde chinois en cette fin du XXe siècle ? Hong Kong va réintégrer le Continent en 1997 et Macao en 1999 mais, en tout cas pour Hong Kong, l'horizon n'est pas pour autant limpide ; le rapprochement avec Taiwan est spectaculaire depuis 1987, mais les régimes de part et d'autre du Détroit restent antagonistes et la situation s'est compliquée par l'émergence sur l'île d'un mouvement indépendantiste ; et surtout, l'exemple allemand en donne une petite idée, les niveaux de vie et de développement entre les deux rives sont si éloignés (de 1 à 40) que l'on ne voit pas comment Taiwan pourrait survivre, en l'état, à une fusion avec le Continent ; quant à la diaspora, qu'elle se trouve en Asie du Sud-Est ou ailleurs dans le monde, ses niveaux de vie et de développement sont également très éloignés de ceux du Continent et son intégration aux pays d'accueil progresse d'autant mieux que les générations nées en Chine sont en voix d'extinction naturelle.

Pour l'heure, le facteur essentiel de recomposition sinon d'intégration du Monde chinois ce sont les capitaux, la loi du profit et surtout des surprofits grâce à une main-d'œuvre continentale dont l'offre illimitée — 100 millions de paysans disponibles, par exemple — permet l'exploitation également illimitée.

CONCLUSION

La fin du XIXe siècle a donné une dimension diasporique à un fait chinois millénaire mais qui était circonscrit à l'Asie du Sud-Est ; la fin du XXe siècle voit se confirmer et s'amplifier une telle dimension, tandis que la puissance financière et économique établie au tournant du siècle prend une ampleur sans précédent en se redéployant, notamment, dans l'aire Asie Pacifique. Il est vrai que la conjoncture géopolitique de cette fin de siècle en Extrême-Orient et le fonctionnement désormais très avancé de « l'économie monde » trouvent une *diaspora chinoise* historiquement, structurellement et économiquement plutôt bien préparée à ces nouveaux contextes ; d'autant mieux préparée qu'un partenaire central dans cette nouvelle donne n'est autre que la Chine elle-même, cette Chine continentale mère de la diaspora, verrouillée depuis la Seconde Guerre mondiale et qui, depuis les années 1980, « s'ouvre » non seulement au Monde mais aussi à Taiwan, cet autre fragment, antagoniste, du Monde chinois.

Il s'agit, d'abord, nous l'avons montré, d'une « ouverture sino-chinoise » où la diaspora prend sa part dans le développement spectaculaire de ses provinces d'origine, semblant par-là réaliser enfin l'objectif que s'était fixé en vain Sun Yat-Sen de « régénérer la Chine »... Régénérer, voire... quand on sait qu'avec les flux énormes de capitaux, s'engouffrent désormais en Chine des sommes non moins énormes « d'argent sale », dont ce pays est en passe de devenir le plus grand « blanchisseur » du monde. C'est aussi, *mutatis mutandis*, la reprise du trafic des *coolies* et des femmes par la pègre chinoise des Etats-Unis en liaison avec des réseaux continentaux — province du Fujian surtout — comme en témoigne l'échouage du *Golden Venture* à l'entrée du port de New York avec plus de 300 « immigrants » illégaux le 6 juin 1993, 24e navire de Chine saisi par les autorités américaines depuis août 1991...

En Asie du Sud-Est ces conjonctures géopolitiques et économiques nouvelles assurent à la *diaspora chinoise* une sécurité retrouvée depuis le conflit sino-vietnamien, mais provoquent déjà des inquiétudes et des réticences diverses de la part des autorités des pays-hôtes alarmées par le développement des investissements en Chine continentale au détriment des pays d'accueil de la diaspora.

Mais n'est-ce pas là le propre de toute évolution conjoncturelle que de véhiculer l'espoir aussi bien que la crainte ? Ce qui, en tout état de cause, semble devoir le mieux caractériser la *diaspora chinoise* à l'aube du XXIe siècle, c'est sa remarquable pérennité, sa formidable capacité de rebond, son inaltérable identité culturelle en même temps que l'admirable capacité d'intégration de sa jeune génération née outre-mer, même si des flux souterrains divers semblent parfois le démentir.

ORIENTATION BIBLIOGRAPHIQUE

Parmi la très abondante bibliographie en anglais, on a surtout retenu les ouvrages les plus récents et ceux d'une portée diasporique ; on a, en outre, privilégié la bibliographie en langue française.

VUE D'ENSEMBLE

Aspects de la diaspora chinoise, Cahiers d'études chinoises, n° 6, Paris, INALCO, 1987.

Beauregard (Ph. de) *et al., La politique asiatique de la Chine,* Paris, 1986.

Bergère (M.-C.), *Sun Yat-sen,* Paris, 1994.

Bugard (P.), *Essai de psychologie chinoise,* Paris, 1992.

Chen Ta, *Chinese Migrations with Special References to Labour Conditions,* Washington, 1923 ; *Emigrants Communities in South China ; a Study of Overseas Migrations and its Emigrants,* Oxford, 1939.

The China Quarterly, n° 136, décembre 1993, numéro spécial : *Greater China.*

Chinois d'outre-mer, Actes du XXIXe Congrès international des orientalistes, Paris, 1976.

Debré (F.), *Les Chinois de la diaspora,* Paris, 1976.

George (P.), *Géopolitique des minorités,* coll. « Que sais-je? », n° 2189, 1984.

Gernet (J.), *Le monde chinois,* Paris, 1986.

Godement (F.), *La renaissance de l'Asie,* Paris, 1993.

Pan (L.), *Sons of the Yellow Emperor ; the Story of the Overseas Chinese,* Londres, 1990.

Wang Gungwu, *China and the Chinese Overseas,* Singapour, 1991 ; *The Chineseness of China : Selected Essays,* Oxford, 1992 ; *Community and Nation : China, Southeast Asia and Australia,* Sydney, 1993.

ASIE DU SUD-EST

Bouteiller (E.), *Les Chinois de la diaspora,* Paris, HEC-Eurasia Institute, Hiver 1991-1992, 2 vol.

Chen (P. S. J.), Evens (H. D.) (éd.), *Studies in ASEAN Sociology,* Singapour, 1978.

Cushamm (J.), Wang Gungwu (éd.), *Changing Identities of Southeast Asian Chinese since the World War II,* Hong Kong, 1988.

Fitzerald (C. P.), *The Southern Expansion of the Chinese People,* Londres, 1972.

Goldfiem (J. de), *Sous l'œil du dragon ; les relations de la Chine avec les pays de l'ASEAN,* Paris, 1988.

Lim (L. Y. C.), Gosling (L. A. P.) (éd.), *The Chinese in Southeast Asia,* Singapour, 1983, 2 vol.

Lombard (D.) et Aubin (J.) (dir.), *Marchands et hommes d'affaires asiatiques dans l'océan Indien et la mer de Chine,* XIIIe-XXe siècles, Paris, 1988.

Purcell (J.), *The Chinese in Southeast Asia,* Oxford, 1965 et 1986.

Somers-Heidhues (M. F.), *Southeast Asia Chinese Minorities,* Melbourne, 1974.
Suryadinata (L.) (éd.), *The Ethnic Chinese in the ASEAN States : Bibliographical Essays,* Singapour, 1989.
Wu Yuan-li, Wu Chun-hsi, *Economic Development in Southeast Asia; the Chinese Dimension,* Standford, 1980.
Yong (C. F.) (éd.), *Ethnic Chinese in Southeast Asia, Journal of Southeast Asian Studies,* numéro spécial, vol. XII, n° 1, mars 1981.

D'UN PAYS A L'AUTRE

Béja (J.-Ph.) (éd.), *Hong Kong, 1997, fin de siècle, fin d'un monde?,* Bruxelles, 1993.
Brevern (M. von), *Once a Chinese, Always a Chinese? The Chinese of Manila; Tradition and Change,* Manille, 1988.
Cardin (J.-L.), *L'immigration chinoise à la Martinique,* Paris, 1992.
Chan (A. B.), *Gold Mountain : The Chinese in the New World,* Vancouver, 1983.
Cheng (L. K.), *Social Change and the Chinese in Singapore,* Singapour, 1985.
Choi (C. Y.), *Chinese Migration and Settlement in Australia,* Sydney, 1975.
Con (H.), Wickberg (E.) (éd.), *From China to Canada : A History of the Chinese Communities in Canada,* Toronto, 1982.
Coppenrath (G.), *Les Chinois de Tahiti,* Paris, 1967.
La diaspora chinoise en Occident, *Revue européenne des migrations internationales,* vol. 8, n° 3, 1992.
Guillon (M.), Taboada-Leonetti (I.), *Le triangle de Choisy, un quartier chinois à Paris,* Paris, 1986.
Helly (D.), *Ethnologie et ethnicité : Les Chinois Macao à Cuba, 1847-1886,* Montréal, 1979; *Les Chinois à Montréal, 1887-1951,* Montréal, 1987.
Him Tung (J.), *Les Chinois de la Réunion,* Saint-Denis-de-la-Réunion, 1981.
Liang (T. H.), Holzman (M.), *Chinois de Paris,* Paris, 1989.
Ly No Fane Pineo (H.), *La diaspora chinoise dans l'océan Indien occidental,* Aix-en-Provence, 1981.
Lombard (D.), *Le carrefour javanais, essai d'histoire globale,* Paris, 1990.
Ma Mung (E.), Simon (G.) (coord.), *Commerçants maghrébins et asiatiques en France,* Paris, 1990.
Mackie (J. A. C.), *The Chinese in Indonesia; Five Essays,* Honolulu, 1976.
Runnymede (T.), *The Chinese Communities in Britain,* Londres, 1986.
Salmon (C.), Lombard (D.), *Les Chinois de Jakarta; temples et vie collective,* Paris, 1977.
Siaw (L. K. L.), *Chinese Society in Rural Malaysia,* Kuala Lumpur, 1981.
Skinner (G. W.), *Chinese Society in Thailand,* Ithaca, 1957.
Song Ong-siang, *One Hundred Years History of the Chinese in Singapore,* Singapour, 1967.
Tsai Maw-kuey, *Les Chinois du Sud-Vietnam,* Paris, 1968.
Venturini (E.), Vidal (D.), *Portraits de Chinatown, le ghetto imaginaire,* Paris, 1987.
Wong (B. P.), *Chinatown, Economic Adaptation and Ethnic Identity of the Chinese,* New York, 1982.
Wu (D. Y. H.), *The Chinese in Papua New-Guinea, 1880-1980,* Hong Kong, 1982.
Yee (S. J.), *The Chinese in the Pacific,* Sava, 1976.

TABLE DES MATIÈRES

TROISIÈME PARTIE

LA DIMENSION GÉOPOLITIQUE

QUATRIÈME PARTIE

LA DIMENSION ÉCONOMIQUE

Imprimé en France
Imprimerie des Presses Universitaires de France
73, avenue Ronsard, 41100 Vendôme
Mai 2000 — N° 47 238